AF455850

LETTRE

À LA

SOCIÉTÉ EXÉGÉTIQUE

ET

PHILANTROPIQUE

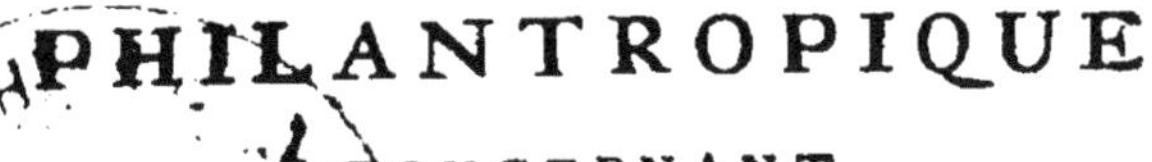

CONCERNANT

LES

PHÉNOMENES

DU

MAGNÉTISME ANIMAL

ET DU

SOMNAMBULISME,

TRADUITE DE L'ALLEMAND

DE

JEAN GEORGE ROSENMULLER

DOCTEUR ET PROFESSEUR EN THÉOLOGIE À LEIPZIG.

LEIPZIG

CHEZ G. I. GÖSCHEN, 1788.

Préface.

La Lettre ſur le magnétiſme animal & ſur le ſomnambuliſme de la ſociété exégétique & philantropique de Stockholm, m'a été remiſe au mois de novembre de l'année derniere. Cet imprimé en langue françoiſe a été diſtribué, non ſeulement à quelques ſavans d'ici, mais auſſi à des gens de lettres dans d'autres villes & à pluſieurs maiſons de libraires en Allemagne. Il n'eſt donc pas douteux que cette brochure ne ſe ſoit répandue en peu de tems dans les divers pays de l'Europe. M. Wieland à Weymar, en ayant également reçu un exemplaire, en inſéra une traduction allemande dans ſon *Mercure*, mais ſans les notes originales.

Le ſyſtême de la ſociété, ou ce qu'elle appelle la vraie théorie de Dieu, de l'homme & de la nature, n'eſt rien moins que neuve. Je ſuis d'ailleurs bien éloigné de croire que ces Meſſieurs ſoient diſpoſés à peſer avec un examen réfléchi des objections qu'on pouroit faire contre leurs opinions: de-là il pouroit ſembler que c'eſt prendre une peine fort inutile d'entrer avec eux dans une discuſſion raiſonnée. Cependant après de mûres réflexions j'ai jugé à propos de déclarer mes ſentimens ſur ces matieres par les raiſons ſuivantes:

En premier lieu tout le monde ſait aujourd'hui que les rêveries fanatiques, des prétendues ſciences ſecretes & hyperphyſiques, les myſteres hermétiques, la magie, la theurgie, l'évocation des esprits, la nouvelle économie divine, ou la nouvelle Jéruſalem, comme l'appellent les Théoſophes Swédenborgiens, & les autres extravagances de cette nature, trouvent une approbation incroyable dans

dans toute l'Europe & se répandent encore davantage de jour en jour. Il y a une foule de sociétés, tant grandes que petites, tant privées que publiques, qui, malgré la diversité de leurs opinions particulieres, se rapprochent de plus en plus, & s' empressent à l' envi par toutes sortes d' opérations de satisfaire leur penchant pour les prodiges. Ce n'est pas mon dessin d' en raconter toute l' histoire: il faudroit écrire un livre. Je me contenterai de ramener l' attention de mes lecteurs à quelques circonstances singulierement remarquables.

Le magnétisme & le somnambulisme ont occasionné depuis quelques tems des mouvemens étonnans. Dès l' année 1786 on comptoit en France vingt-neuf sociétés harmoniques qui s' occupoient à magnétiser, & ce nombre aura sans doute encore augmenté l' année derniere. Il est de fait qu' à Paris & dans d' autres villes considérables de France, on magnétise dans une infinité

 de

de sociétés. Il paroît que les magnétiseurs françois, ceux de Strasbourg surtout, ont à peu près les mêmes principes que ceux des membres de la société de Stockholm. Ils assûrent également que leur systême est fondé sur la religion & sur la puissance du créateur de tous les êtres. Ils se glorifient principalement d'avoir pour but le bien-être des ames de leurs malades. Ils parlent de somnambules qui disent & voyent des choses si surprenantes & si merveilleuses que des personnes, incrédules jusques-là, ont été frappées d'étonnement & obligées d'avouer que tout étoit marqué au coin de la divinité. Ces néophites vivent aujourd'hui comme les chrétiens de la primitive église & donnent l'exemple des vertus les plus sublimes *).

A ces associations se joint aujourd'hui une société de Swedenborgiens. Car la

*) V. Extrait des journaux d'un Magnétiseur, attaché à la Société des amis réunis de Strasbourg,

la société exégétique & philantropique de Stockholm se propose pour fin principale, l'extension des principes de Swédenborg. On trouve une notice suffisante de cette société dans le journal de Berlin *). Je me contenterai d'en extraire ce précis: „Le nombre des membres n'est pas déterminé: attendu que la liberté & la vertu ne se bornent jamais à un certain nombre de personnes.“ Au mois de novembre 1786, ils étoient déja cinquante. La société est composée, de membres ordinaires qui payent quatre écus par an, de membres honoraires & d'assistans; puis de souscripteurs, ou de ceux qui ont avancé l'argent, soit pour l'impression de l'original latin de Swédenborg, soit pour la traduction suédoise des ouvrages annon-

 cés

bourg, 1787. V. aussi Les Mémoires pour servir à l'histoire & à l'établissement du Magnétisme animal, par M. le Marquis de Puisegur, à Londres 1786.

*) Berlinische Monathsschrift, Januar 1788. S. 15.

cés du même auteur. Quant aux écrits imprimés de cet homme, on a presque déja tout traduit; ses manuscripts, qui à ce qu'on prétend forment plus de cent volumes, seront également imprimés. La société élit tous les ans un président, & tous les trois mois un vice-président; elle a son trésorier & son secrétaire. Ces préposés convoquent les assemblées privées; l'assemblée générale se tient tous les mercredis après midi. La grande fête de la société est le premier novembre. — Les fonds sont placées dans la banque royale. Elle a aussi une bibliothéque composée de trois cents volumes, dont elle a fait une bibliothéque de lecture. Elle en-entretient un commerce de lettres avec toutes les sociétés semblables qui existent en Europe, en Amérique ou ailleurs. — On prétend qu'il s'y trouve des hommes d'un rare mérite, doués des qualités du coeur & de l'esprit. Parmi les membres on nomme des prin-

ces.

ces: La nouvelle églife, ou la nouvelle Jérufalem, fuivant l'expreffion de Swédenborg, eft l'idée favorite de cette fociété. Des membres très-favans croient férieufement que cette nouvelle Jérufalem, avec fes murailles de jaspe, fes portes de perles & fes rues d'or, fe trouve déja réelement fur la terre. Ils lui affignent, à ce qu'on affûre, l'intérieur de l'Afrique, & on parle même déja de voyages fecrets entrepris dans cette partie du monde pour chercher la grande cité fainte. Indépendamment de la lettre à la fociété harmonique de Strasbourg, la fociété de Stockholm a encore publié un magazin apocalyptique dont le journal de Berlin rend compte.

A Londres il s'eft formé vers la fin de 1783 une fociété théofophique de Swédenborg. Tous les ans elle fait l'élection de fon préfident, elle a fon tréforier & fes fecrétaires. Les membres confiftent en deux claffes: en fouscripteurs & en propriétaires; les premiers payent une guinée par ans, les seconds cinq guinées. Il faut avoir été dans la premiere classe pour passer dans la seconde. Outre les cinq guinées, les propriétaires ont formé des fonds considérables. La société a son imprimerie. On s'attache en Angleterre à traduire tous les ouvrages de Swédenborg, ainsi qu'à imprimer ses manuscrits posthumes.

Je remarquerai encore que ces sociétés se trouvent en connéxion avec quelques branches des franc-Maçons. La dédicace d'un ouvrage de la société de Londres, *Journal Novi-Jerusalemite*, feuille apocalyptique, s'énonce ainsi: „A tous les amateurs de la vérité, qui l'ont déja goutée dans les ouvrages d'Emanuel Swédenborg, ainsi qu'à tous les francs-maçons, qui sont empressés aujourd'hui de la chercher! — Dans un autre endroit, l'éditeur, B. Chatanier, chirurgien, s'exprime en ces termes: „O Maçons libres, qui habitez la la terre de mes peres, & qui vous occupez à la recherche de la vérité, comme il le paroît par vos lettres circulaires répandues dans toute l'Europe!" — Il rapporte encore qu'une société du fond du nord, a envoyé cent guinées à celle de Londres, avec un balot d'excellens livres francois & allemands. Parmi ces livres se trouve aussi la lettre pastorale aux vrais francs-macons de l'ancien systême. Il faut qu'en Suéde les Swédenborgiens se soient associés depuis longtems aux francs-macons, & qu'ils aient tâché de leur faire goûter leurs principes. Dans un livre publié en 1780 sous le titre: *Pierre de scandale*, on fait un crime aux francs-maçons suédois de s'occuper de visions, de rêves, de présentimens, de chapître illuminé, & ce qui est encore plus frappant, d'ordination, de jeûne & de tonsure.

Or quand on fait réfléxion que ce fanatisme de toute espece, est singulie-

rement

rement en vogue dans une certaine classe desoeuvrée du public, dans la classe distinguée & éloignée de toute étude sérieuse ; qu'on y fait le plus grand abus de la religion ; qu'on cherche à répandre ces extravagances avec un enthousiasme qui ne ressemble à rien — quand on fait réflexion à tout cela, on croira sans doute que la chose mérite quelque attention.

Elle mérite, *en second lieu*, la plus grande attention de la part du théologien & de tout ami de la religion révélée. Car il est incontestable que ces rêveries fanatiques font un tort infini à la morale & à la religion. Malgré les lumieres dont notre siecle se glorifie, & qu'à de certains égards je ne pretends pas lui contester, il est très-certain que la majeure partie de nos contemporains, n'à que des connoissances très-superficielles de la religion. Tant de réformateurs sans vocation ont fait si bien que plusieurs

ſieurs de leurs diſciples crédules, ne croyent plus rien de tout ce que croyent les gens ſenſés, ou ne ſavent plus eux mêmes ce qu'ils croyent. On nie la religion révélée, on plaiſante ſur la bible, parce qu'il eſt du bon ton de plaiſanter à tort & à travers ſur les vérités ſaintes? De combien d'abſurdités n'a-t-on pas inondé le public depuis quelques années ſur l'hiſtoire de Jéſus, ſur les miracles de Jéſus, ſur le but de Jéſus & de ſes diſciples, & ſur les articles de foi en général? Les auteurs de ces rapſodies ne ſavent pas la plupart du tems de quoi il s'agit. Ou ils ont des notions très-confuſes des vérités qu'ils combattent, ou ils poſent pour fondement des idées tout-à-fait arbitraires, dont ils tirent les conſéquences les plus ridicules. Néanmoins tout ineptes qu'ils ſont ils tranchent ſur tout avec une hardieſſe inconcevable. Faut il s'etonner qu'avec l'inſtruction incomplette dans la religion que reçoit la jeuneſſe des divers états,

qu'avec

qu'avec l'indifférence marquée pour la religion dans une partie très-considérable de la classe savante, les railleurs les plus insipides trouvent des lecteurs qui les croyent sur leur parole? Et dès-lors rien de plus facile de persuader à ces lecteurs que ces nouvelles extravagances font bien voir combien la religion révélée est funeste à l'état & à la société humaine. Dans un certain journal on a dit cruement que rien ne propage plus le fanatisme que la bible, qu'elle est écrite dans l'esprit & dans le dessin d'avancer cette façon de penser. Sans doute cette décision trouvera des approbateurs & sera répétée fidélement par la foule des railleurs.

D'un autre côté il est à craindre que plusieurs personnes, qui ont encore de la vénération pour la bible & la religion révélée, ne s'en laissent imposer par des imposteurs & des enthousiastes. Car il est hors de doute que parmi les thaumaturges

maturges qui font aujourdhui tant des bruit, il ne se trouve des imposteurs déterminés. Tous ne le sont pas sans doute. Par exemple Swédenborg, l'oracle de la société exégétique philanthropique de Stockholm, me paroît être, avec toutes ses visions, un homme plein d'honneur & de bonnes intentions. Il en est de même de cette société de Stockholm: je ne lui suppose pas non plus de mauvaises intentions. Je crois plutôt ses membres trompés que trompeurs; & dans cette supposition, j'ai donné à mes réflexions sur leur lettre un ton aussi modéré qu'il m'a été possible. La charité espere tout; loin de vouloir aigrir, elle ne cherche qu'à corriger. J'aime mieux qu'on me fasse le reproche, que j'ai trop bien présumé des autres, que celui d'avoir offensé quelqu'un de propos délibéré. D'un autre côté ce seroit décéler de la foiblesse & un manque total de connoissance des hommes, de vouloir dissimuler que parmi ces enthousiastes

sinceres

ſinceres il y a pluſieurs fourbes décidés. Et ces fourbes ſont d'autan plus dangereux pour les ames honnêtes, mais foibles, qu'ils ſavent couvrir leur fourberie du masque de l'hypocriſie. J'aurai occaſion dans mon écrit de ramener l'attention du lecteur aux inconvéniens qui peuvent réſulter pour la morale de la magnétiſation & de la deſorganiſation. Mais ce n'eſt pas encore le ſeul mal que peut faire ce fanatisme, à moins qu'on ne s'y oppoſe avec vigueur. Une dame de mérite, M[e] la Comteſſe de Recke, qui fut pendant quelque tems la dupe du fameux Calioſtro, & qui découvrit enſuite les fourberies de cet homme, fournit la preuve de ce que j'avance. Voici comme s'xprime cette dame dans ſon expoſé ſur Calioſtro: „Lorsque je me retrace le danger, (dans lequel je ne ſuis tombée que par un ſentiment honnête mais obſcur,) de devenir entre les main d'un fourbe le jouet dont il pouvoit ſe ſervir à ſon gré pour parvenir à ſes fins:

fins: je rends graces au ciel d'en avoir échappé ſi heureuſement. " — D'ailleurs rien de plus certain que la plupart de ces enthouſiaſtes n'ont pour objet que d'extorquer de l'argent. Les exemples en ſont trop connus pour avoir beſoin de les rappeller. Je remarquerai ſeulement qu'en l'année 1786 un de ces enthouſiaſtes a auſſi tenté fortune à Leipzig, mais qu'il a été heureuſement éconduit par la ſage précaution du magiſtrat. Il m'eſt tombé entre les mains quelques uns de ſes papiers, parmi lesquels il y a une notice intitulée: *Loge des ſerviteurs de Dieu & des freres de leurs ſemblables.* On prétend que cette loge eſt compoſée de ſoixante & douze loges, qui ſont toutes ſous l'inſpection d'un grand-maître, & dont chacune eſt déſignée par un nom ſaint. On dit qu'elles ſont diſperſées en Ruſſie, dans les pays héréditaires de l'empereur, en Allemagne, en Hollande, en Suiſſe, en Angleterre, en France, en Portugal, en Espagne, en Italie, en Prusse, en Dannemarc, en Suéde, en Pologne, en Courlande, en Turquie, en Amérique & aux Indes orientales & occidentales. Tout cela n'est peut-être qu'une vaine jactance, mais tout cela peut engager des imprudens à se faire initier, dans l'espoir de faire fortune par l'évocation des esprits & par la pratique de l'art magique. On reçoit des membres de tout état, de toute religion, de tout âge & de toute faculté. Chaque membre paye à son inscription un ducat, à sa réception un Louisd'or, & pour l'expédition du diplome encore un ducat. On voit bien à quoi tendoit notre théosophe, conjurateur & cabaliste! —

Par tout ce que je viens de rapporter, on peut voir que ces visions, si fort accréditées aujourd'hui, ne sauroient être indifférentes aux amis de la religion & de la vertu. En effet la société exégétique & philantrope a déjà quelques

ques antagonistes. M. Keligren, secrétaire du roi & membre de l'académie a inséré un poëme sur ce sujet dans la gazette politique & littéraire de Stockholm. Le chevalier de Rosenstein, précepteur du Prince de Suéde, a publié un écrit contre le fanatisme magnétique. Mais aucun de ces écrits ne m'est parvenu. Quant à ma lettre à la société en question, je n'ai nullement dessin de réfuter toutes les idées fanatiques de ces Messieurs. Le tems me manque pour cet effet, & puis je ne vois pas à quoi cela serviroit. Mais j'ai cru nécessaire & conforme aux besoins de notre âge de traiter dans un style populaire quelques matieres relatives à la religion, soit pour sauver l'honneur de la bible contre quelques objections qu'on lui fait fréquemment de nos jours; soit aussi pour préserver les chrétiens ordinaires de certaines méprises, pour les avertir de bien des dangers & pour les rendre attentifs à

quelques

quelques points qui n'ont jamais été pris suffisamment en considération.

Je ne dirai rien de nouveau aux personnes instruites dans les principes religieux. Ce n'étoit pas non plus mon dessin. Mais si la lecture de cet écrit contribuoit à fortifier quelques chrétiens mes freres dans leur vénération pour la religion, & à les préserver de toutes les visions superstitieuses, je me croirois suffisamment récompensé de ma peine.

Leipzig,
en Janvier 1788.

D. JEAN GEORGE ROSENMULLER.

Messieurs

Leipzig en Novembre 1787.

Messieurs,

Vous m'avez fait l'honneur de me communiquer un écrit en forme de lettre, adressé à la société harmonique des amis réunis de Strasbourg sur le magnétisme animal & sur le somnambulisme, & vous avez demandé expressément que je fisse l'examen du contenu de cet écrit, que je vous en disse mon sentiment & que je le répandisse par une réimpression, une traduction ou une insertion dans les journaux. Je vous remercie, Messieurs, de la confiance que vous me marquez par-là, & j'ai l'honneur de vous assurer que je songe sérieusement à la mériter. Pour vous en donner des preuves, j'ai fait imprimer dans une traduction allemande votre mémoire sur le magnétisme animal & le somnambulisme. Mais j'ai jugé à propos en même tems de vous faire part dans un écrit imprimé de mes réfléxions sur ces objets qui, comme vous le remarquez vous même, fixent aujourd'hui l'attention de tout ce qu'il y a d'êtres pensans en Europe. Lisez & pesez mes pensées avec cet amour impartial de la vérité avec lequel j'ai lu & pesé le contenu de votre mémoire. Vous savez, Messieurs, & mieux que je ne peux vous le dire, que l'amour de la vérité, que l'impartialité, est la premiere qualité d'un homme éclairé &

honnête. Je ne doute donc point que vous n'ayiez égard à la priere que je vous fais.

Rien de plus noble, de plus admirable, Messieurs, que la fin que vous vous proposez. Vous voulez soulager l' humanité souffrante. Vivement persuadés que l' irréligion, que la corruption des moeurs, est la peste du repos & de la félicité humaine, vos voulez poser une barriere à ces maux sinistres. De-là vous voulez conduire vos contemporains à cette source intarissable des vérités salutaires de la bible, vous voulez rappeller les chrétiens par les motifs les plus victorieux au grand précepte de la charité, recommandé si énergiquement par notre sauveur, persuadés comme vous l' êtes que l' homme doit attendre un état de rémunération après la mort du corps, & qu'il ne peut être heureux dans l' éternité que suivant la mesure qu'il a été dans cette vie & bon citoyen & fidele sujet. Ces principes sont excellens, & le dessein de les faire valoir est très-louable. Il n'est qu'un ennemi de l' humanité, il n'est qu'un homme dépravé dans un haut degré, qui puisse les désaprouver ou les nier.

Mais on peut souvent avoir un but excellent & manquer toutefois dans le choix des moyens pour l'atteindre. On peut avoir trouvé une vérité, & l' on peut néanmoins la rendre suspecte par des raisons ou foibles ou fausses. Je vous l'avouerai, Messieurs, vous me paroissez vous trouver dans ce dernier cas. Vous voulez sauver la gloire de la divine révélation, augmenter la somme du bien-être & de la félicité parmi les hommes, vous voulez répandre la vérité & la

& la vertu ſur la terre. Cependant les moyens que vous choiſiſſez ſont de nature à faire craindre qu'il n'en réſulte diamétralement le contraire. Par vos principes la divine révélation deviendra encore plus ſuſpecte aux penſeurs, qu'elle ne l'eſt déja à ſes détracteurs: la moralité & la bienveillance perdront plus qu'elles ne gagneront. Ecoutez mes raiſons, ou ſi vous l'aimez mieux, les doutes que je crois devoir oppoſer à vos aſſertions, & prononcez vous même ſi la vérité n'eſt pas de mon côté?

Les moyens que vous employez pour atteindre votre but & que vous recommandez à vos contemporains, ſont d'une nature toute particuliere. Non contens de vous ſervir des ſurprenans phénomenes du magnétiſme animal & du ſomnambuliſme que vous exaltez comme des faits pour confirmer la divine révélation, vous voulez encore conduire par-là à de nouveaux réſultats, à de nouvelles révelations; & vous prétendez que ceux qui opèrent ces phénomenes par le magnétiſme, produiſent les fins morales les plus ſublimes. Vous dites avoir apperçu ſur les magnétiſés des phénomenes ſi extraordinaires, qu'ils ne ſauroient être expliqués autrement, qu'en adoptant des êtres ſpirituels, différens des malades, des eſprits qui opèrent ces effets par les organes de ces malades. En un mot, vous voulez que le magnétiſme animal ſoit un moyen de renouveller le commerce avec le monde des eſprits & de nous donner des réſultats tout nouveaux ſur la religion.

Vous en appellez à des faits & à des phénomenes que vous adoptez comme certains &

 avérés.

avérés. En cela vos amis de Strasbourg, & des sociétés entieres en France paroissent être de votre sentiment. La question est de savoir de quelle maniere on expliquera ces phénomenes, & vous croyez pouvoir en donner la seule explication satisfaisante. C'est du moins ce que promet le titre de votre mémoire. Vous assûrez que votre explication est déduite des vrais principes, fondés dans la connoissance du Créateur, de l'homme & de la nature, & confirmée par l'expérienee. Et d'où avez-vous cette connoissance? On voit par votre mémoire, & vous en convenez vous même, que vous croyez avoir trouvé ces principes dans l'écriture sainte, & dans les écrits manuscrits & imprimés de feu votre ami & compatriote Swedenborg. Tout homme qui révère sincérement la religion, vous accordera que l'écriture sainte est la meilleure source de la vérité. Mais vous m'accorderez à votre tour, que celui-là seul trouve les vérités renfermées dans la bible, qui la lit sans prévention & qui la comprend avec un sens droit. Ç'a été malheureusement de tout tems le sort de la bible, d'avoir été expliquée suivant les préjugés ou les opinions philosophiques de ses lecteurs. C'est aussi dans ce cas, Messieurs, que vous semblez vous trouver. Vous vous nommez il est vrai une société exégétique; mais si vous voulez avouer la vérité, vous conviendrez que vous aviez formé votre systême avant que vous eussiez consulté la bible, ou du moins que vous la lisiez toujours en formant le souhait d'y trouver les principes de votre Swedenborg. Que ceci soit dit en passant; je reviendrai souvent sur cet article. Permettez-moi présentement de toucher un mot des phénomenes & des faits que

vous

vous adoptez comme certains & avérés. Car si l'on peut vous prouver par votre propre exposé, que vous n'avez pas aperçu tout ce que vous croyez avoir aperçu, & que votre découverte peut être expliquée d'une autre maniere & d'une façon plus satisfaisante, je me flatte qu'entraîné par l'amour de la vérité, vous remplacerez vos assertions par des convictions plus judicieuses, & que je serai moins dans le cas de lasser votre patience par un examen circonstancié de votre explication.

Vous en appellez à des observations importantes, à des effets extraordinaires que le magnétisme animal doit avoir opérés. Il sera nécessaire avant toutes choses d'examiner la nature des faits. Nous tâcherons en premier lieu d'en donner une explication satisfaisante. Ce sont là deux points auxquels se réduit tout dans cette discussion, & sur lesquels nous allons diriger toute notre attention.

Les phénomenes ou les faits qu'on raconte du magnétisme animal, sont très-équivoques. Plusieurs malades ne sauroient être réduits par la magnétisation à l'état de somnambules. On a des exemples que des personnes bien portantes, qui feignoient des maladies, ont été traitées en malades par des magnétiseurs, & ont passé pour être guéries. Sans appuyer sur cet article, il est de fait qu'on n'a pas remarqué d'autres phénomenes, si non que des malades, ont été transmis dans un état extatique, semblables à ceux qui sommeillent, & que plusieurs de ces sommeillans, qu'on appelle alors somnambules, ou somniloques, répondent durant cet état à des questions que leur proposent les magnétiseurs. Tout ce qu'on sait, c'est que les

les somnambules qui ont été observés jusqu'ici en Allemagne & en France, n'ont donné pour la plûpart à leurs magnétiseurs que des réponses, relatives à l'état & aux causes de leurs maladies, & aux remedes propres à leur guérison. Il est vrai, on dit qu'il y a des somnambules qui font la même chose sur d'autres, même sur des personnes éloignées ; mais des observateurs impartiaux, ont objecté bien des doutes contre la vérité de ces assertions. Quelques uns parlent aussi dans le sommeil d'objets relatifs à la religion. Il faut qu'en Suéde, Messieurs, on ait fait de grands progrès sur cet article, à en juger par votre lettre. Les somniloques, dites-vous, découvrent à leurs magnétiseurs, que des esprits parlent par leurs organes; ils leur dévoilent de quelle nature ils sont, quels noms ils portoient, lorsqu'ils habitoient parmi les mortels, & ils instruisent de mille autres choses surprenantes, touchant la vie à venir, les vérités de la religion & l'intérieur de l'homme. Rien de plus juste, de plus conforme à la raison, que de bien distinguer ce qui peut être aperçu par les sens extérieurs & par de simples observations, de ce qui ne peut être produit autrement que par des argumens. Il n'y a que le premier aperçu qui soit un phénomene réel, un fait réel, le dernier est d'une toute autre espece. Les somnambules décrivent l'état de leurs maladies de telle & telle maniere; ils parlent des causes de leurs maux & des remedes propres à leur guérison: ils disent à leurs magnétiseurs que des esprits parlent par leurs organes & qu'ils leur découvrent des choses surprenantes. Ce seroient là des phénomenes, des faits. Pour les connoître & pour se convaincre de leur vérité, il ne faut que des yeux & des oreilles bien organisés,

ganisés, qu'un jugement sain & bien constitué. Mais voici une toute autre question: ces somnambules ont-ils dit la vérité? Ont-ils indiqué exactement les causes de leurs maladies & surtout les remedes propres à leur guérison? Est-il vrai, ce qu'ils racontent des esprits qui parlent par leurs organes & qui leur dévoilent tant de merveilles? Que de choses ne peut-on pas exiger pour répondre à tout & pour décider ces questions? Il faut en premier lieu examiner, si le malade avant son sommeil magnétique n'a pas déja connu les remedes qui conviennent à sa guérison? Il faut attendre & voir si ces remedes sont vraiment efficaces. Il faut connoître l'état des malades durant leur sommeil divinatoire si exactement, qu'on puisse juger avec pleine confiance, si ce qu'ils disent vient de leur propre ame, ou s'il leur a été suggéré par de certains esprits? Par conséquent la réponse à ces questions & à toutes les demandes semblables, tient à l'explication des premiers phénomenes, & doit être bien distinguée des derniers, ou des faits. J'ai peine à croire, Messieurs, que vous ayiez des objections solides à me faire contre ce raisonnement. J'ai été nécessité de faire ces remarques, parce qu'il me paroît que dans votre mémoire vous avez très-souvent confondu ces deux choses, le fait & son explication, l'effet & la cause. Supposé que les faits & les effets rapportés par vous & par vos amis, fussent d'une vérité notoire, ce que je ne prétens ici ni affirmer ni nier, il n'en résulte pas encore la preuve que votre explication soit juste, ni que les causes que vous alléguez soient les véritables. Mais si vous donnez le dernier point pour aussi certain que le premier, alors ce n'est autre chose que pétition de principes.

Maintenant je viens à l' explication des phénomenes, en tant qu' ils peuvent être considérés comme des faits réels & avérés.

Pour vous, Messieurs, vous paroissez fermement persuadés, que ces phénomenes ne sauroient s' expliquer autrement qu' en admettant qu' ils sont produits par des causes *surnaturelles*, & nommément par *des esprits*, qui different des ames des magnétiseurs & de celles des magnétisés. Je puis bien me représenter qu' il ne sera pas facile de vous faire revenir de cette opinion. Dès que le penchant pour le merveilleux & l' extraordinaire s' est fixé dans l' ame, dès-lors il est difficile de le maîtriser par la raison. Ajoutons encore, dès qu' il tient à des opinions religieuses, & que le zele pour la religion lui donne un vernis sacré, on court risque de choquer par la contradiction, quelque fondée qu' elle soit, & de la voir traitée d' attaques contre la religion même, ou de profanation formelle. Mais tout difficile qu' il est, de résister à la pente pour le merveilleux, lorsqu' on s' y est laissé entraîner, il n' est pas moins de notre devoir, dès qu' on nous convainc par les principes de la raison, de reconnoître que cette pente peut nous conduire dans des précipices dangereux. La vérité doit être préférablement précieuse & importante à tout ami de la vertu & de la religion. Elle seule peut donner de la consistance à notre vertu. L' erreur peut paroître quelquefois de peu de conséquence, surtout au commencement; mais elle peut causer aussi de grands torts, en portant un préjudice notable & à notre propre félicité & à celle de nos semblables.

A ce que je peux voir, tous les effets qui me sont connus du magnétisme & du somnambulisme, peuvent s' expliquer par des causes naturelles; & j'ose avancer, que tous les autres effets de cette nature qu' on a remarqués, ou qu' on remarquera encore, peuvent s' expliquer de la même maniere, pourvu qu' on ait soin de faire abstraction des phénomenes illusoires d'avec les phénomenes réels, des faits d' avec les inductions, qu' on en tire, pourvu qu' on se garde de tomber dans les défauts ordinaires, de confondre une chose arrivée, avec le jugement qu' on porte sur la chose arrivée. On peut statuer avec certitude que le point capital dans le magnétisme & le somnambulisme, est que le corps agit sur l' ame & non pas l' ame sur le corps. Car les changemens spirituels qui s' y manifestent — quelqu' importance qu'on leur donne, ne se manifestent que quand le corps à été transmis en un certain état, dans lequel il ne se trouve pas ordinairement — dans un état de sommeil, durant lequel les autres organes, comme lorsqu' on dort, sont en repos & discontinuent leurs fonctions. Et de quelle maniere le corps est-il transmis dans cet état? Nullement par des moyens surnaturels, mais par des remedes naturels, par le magnétisme, par le frottement, la friction, la manipulation & le contact. Tout le monde sait que ces sortes d' opérations renferment des vertus physiques réelles: de-là d' habiles médecins ont desiré que l' art des frictions, réduit en regles, devint une nouvelle science & fut perfectionné de plus en plus. On a remarqué que ces sortes d' opérations, dirigées suivant la position des nerfs, produisent des effets extraordinaires. Par-là le systême des nerfs, & tout l' homme se trouve changé

changé en un certain bien-être; par-là on se trouve délivré des crampes, & d'une infinité de maladies qui en dépendent, des douleurs de toute espece, des obstructions dans les intestins. De plus, si l'imagination se trouve exaltée & qu'un habile médecin en sache diriger les ressorts, vous opérerez par ces remedes des cures, qui tiendront du miracle.

Si vous ajoutez encore que les personnes qui se font magnétiser, sont ordinairement obsédées de maladies de nerfs & d'affections hystériques, & que l'imagination de ces personnes peut être singulierement échauffée, même sans magnétisation & par des objets très-simples, vous ne trouverez sans doute pas surprenant si, par l'état extraordinaire dans lequel le corps de ces malades a été transmis, l'ame de ces mêmes malades se trouve transmise dans un état tout aussi extraordinaire. Figurez-vous un homme qui frotte une femme sujette aux affections de nerfs dans les parties les plus irritables de son corps, qui promene successivement ses mains & ses doigts sur les bras & sur la gorge de la malade, jusqu'à ce qu'il touche avec le pouce la fossette du coeur, où il excite une sensation vive par un contact léger & réitéré, qui manipule tour-à-tour ses cuisses & ses genoux, qui fait jouer ses mains vers son visage & ses yeux. Vous ne trouverez certainement pas surprenant si une telle femme tombe dans une extase, qui la rend semblable à une personne endormie *). Vous ne trouverez pas non plus sur-

*) Je laisse aux médecins expérimentés le soin d'expliques les causes naturelles de ce phénomene. On trouve un essai sur cette matiere dans la dissertation suivante: *Ueber thierischen Magnetismus*: sur le Magné-

ſurprenant, ſi, réduite dans cet état, elle répond aux queſtions de ſon magnétiſeur, mais que

Magnétiſme animal, dans une Lettre à M. Hoffmann, conſeiller privé à la Cour de Mayence, par Eberhart Gmelin, Phyſicien à Heilbron, Tubingue 1787. in-8. M. Gmelin eſt d'opinion, que la manipulation opere une révolution dans le corps de la perſonne manipulée, et fait, en vertu de l'attouchement particulier, un effet ſymmétrique, uniforme et vif dans le ſyſtême nerveux. Ce fluide qui émane du corps du manipuleur, et qui ſe communique à celui du manipulé, n'eſt autre choſe que l'éther qui impregne nos nerfs, ſoit qu'on l'appelle: Aura vitalis, archeus, anima Stahlii, Actuoſum Albini, Natura, vis vitae, fluidum nerveum vis vegetativa reproductrix, ſoit qu'on lui donne d'autres noms. C'eſt ce que je ne puis juger. Mais quoiqu'il en ſoit, l'imagination n'y coopere-t-elle pas fortement? M. Gmelin rapporte qu'une femme qu'il avoit magnétiſée et manipulée, l'avoit été auſſi par ſon pere, ſon beau-frere et ſa ſoeur, et que dans cette opération, quoique faite dans les regles, loin d'éprouver des effets agréables, elle n'en avoit ſenti que de desaréables. Il penſe que cela a pu provenir du fluide trop vif de l'éther nerveux des magnétiſans, où de la trop grande différence de l'éther nerveux des magnétiſans et des magnétiſés. C'eſt aux phyſiciens et aux médecins à décider, ſi l'on ne pouroit pas donner d'autres raiſons, pourquoi une jeune femme, ſujette aux maladies de nerfs, éprouve des ſenſations toutes différentes, lorsqu'elle eſt manipulée de la manière en queſtion par une perſonne étrangere, que lorsque ſon pere, ſon beau-frere ou ſa ſoeur entreprenent l'opération. Je le croirois. On peut trouver ſingulier, et pas ſingulier, comme on voudra le prendre, que ces ſortes de guériſons réuſſiſſent la pluspart du tems ſur les femmes, et ſurtout ſur les femmes affectées de maux de nerfs; qu'on entreprend rarement celles des hommes, et que quand on le fait, c'eſt presque toujours ſans ſuccès et ſans effet. Du moins cette circonſtance me paroît prouver manifeſtement que rien de plus naturel que tous ces phénomenes. Et c'étoit ce que je voulois prouver.

que du reste elle n'entend rien, ou ne paroît rien entendre. Un Médecin expérimenté rapporte l'exemple d'une femme, à laquelle il est arrivée la même chose sans aucune magnétisation. Une autre personne excitoit en elle par des frictions adoucies & réitérées sur la tête une sensation si agréable, qu'elle passoit de cet état dans un doux sommeil. Le bruit de ses enfants, qui jouoient dans la même chambre, ne pouvoit troubler ce sommeil, pendant lequel elle répondoit à toutes les demandes de sa servante.

En général il n'y a rien d'étonnant, que des personnes, ensevélies dans le sommeil, parlent des choses dont elles avoient la tête remplie auparavant, que des gens qui sommeillent, entendent bien des choses qu'on leur demande & y répondent, & cela sans entendre les autres choses ni sans y répondre. Qu'on applique ces phénomenes & ces expériences incontestables aux somnambules, & l'on ajoutera aisément foi au rapport d'un certain medecin qui magnétise lui même, lorsqu'il dit : *Les discours & les annonces dans le sommeil, ne sont autres choses que des rêves, & les effets d'une imagination exaltée* Quelles sont donc les choses dites & annoncées par les somnambules ? Ils font à leurs magnétiseurs des réponses, relatives à l'état & aux causes de leurs maladies ! Mais qu'y a-t-il là d'extraordinaire ? N'ont-ils pas entretenu assez souvant leurs médecins & les autres personnes de leurs maladies, & des remedes qu'il faudroit y employer ? Ont-ils constamment deviné les remedes les plus souverains ? Et quand la chose est arrivée quelquefois, cela ne pouvoit-il pas venir tout naturellement par les causes que je viens d'alléguer. Et combien tout le procédé ne doit-il pas devenir

venir suspect, lorsqu'on remarque, que ces personnes dans leur état magnétique, indiquent ou des remedes connus & des médicamens domestiques, ou des choses absurdes & des doses si fortes, que même les médecins qui président à la magnétisation, n'osent pas les administrer aux malades? On prétend de plus, que des personnes magnétisées, sont en état de dire à des malades étrangers, à des gens qui leurs sont inconnus & qui demeurent à une grande distance, quelle est leur maladie, où est le siege de leur mal, quels remedes ils doivent employer & dans quel tems ils pouront guérir. Mais la grande question est, cela est-il vrai? Ces rapports ont-ils été examinés & trouvés exacts? Les témoins, qui assûrent ces choses, sont ils dignes de foi? On avance que les somnambules découvrent à leurs magnétiseurs, que des esprits parlent par leurs organes; on nous dit qu'ils dévoilent mille choses surprenantes, relatives à la vie à venir, aux vérités de la religion, & à l'intérieur de l'homme. Mais est ce là quelque chose de merveilleux? Les magnétiseurs de ces somniloques, ne se sont-ils pas entretenus avec eux sur ces objets? Prévenues par des instructions de vive voix & par des écrits relatifs, ces personnes n'ont elles pas reçu de certaines idées qu'elles ne font que reproduire & étendre? Ont-elles découvert de nouvelles vérités de la religion? Et qui nous sera garant que leurs relations de l'autre monde soient authentiques? Qu'elles portent l'empreinte de la vérité? On sait ce que peuvent une extension excessive & une imagination dirigée. On a souvent observé dans les personnes affectées de maux de nerfs, des phénomenes qui excitoient infiniment plus de surprises que ceux qu'on raconte

conte des somnambules. Cependant on a toujours trouvé que tout se passoit dans l'ordre naturel.

Pour prouver combien il faut être circonspect dans les jugemens qu'on porte sur ces phénomenes singuliers, je me contenterai de rapporter une seule histoire vraie & avérée, qui est arrivée en Saxe l'année 1759.

Une fille nommée Anne Elisabeth Lohmann, passoit pour une personne inspirée; on disoit au commencement qu'elle savoit prophétiser & parler quatre langues étrangeres. Ensuite on se contenta de dire, qu'un jeune chasseur & un bon esprit parloient tour-à-tour par son organe. La chose fut rapportée à un ecclésiastique de considération, qui crut en effet découvrir quelque chose de surnaturel dans l'état de cette personne. Elle avoit souvent des convulsions qui étoient si violentes que les femmes les plus fortes ne pouvoient la tenir. Mais l'ecclésiastique n'avoit qu'à la toucher, les convulsions cessoient sur le champ, de sorte que cela lui fit naitre l'idée qu'il falloit que l'imposition des mains renfermât une vertu particuliere. Cependent la personne eut des inspirations chantantes. Elle faisoit de longues prieres; elle prêchoit avec tant de force, tant d'onction, que l'homme d'église qui entendoit tout, attesta par tout ce qu'il y a de plus saint, qu'il sembloit que les plus grands orateurs se trouvoient réunis en elle; il se donna même la peine d'écrire ses discours inspirés & ses cantiques sacrés. Mais comme le jeune chasseur parloit encore quelque fois par sa bouche, l'ecclésiastique soupçonna qu'il y avoit une obsession diabolique sur jeu,

&

& il essaya de guérir la malade par des exorcismes. Bien que ce remede fut infructueux, notre théologien ne fut pas moins d'opinion que cette personne étoit inspirée. Il étoit si sûr de son fait que par un écrit imprimé il invita tous les savans qui doutoient de la chose, de venir, de voir, d'entendre & d' examiner. Les phénomenes étoient vrais, les effets existoient & ne pouvoient être niés. Mais l' ecclésiastique avoit-il pénétré les vraies causes de ces effets? Etoit-ce effectivement un esprit qui parloit par les organes de cette personne? Rien moins que cela. Le magistrat fit examiner scrupuleusement la chose & les médecins jugerent que la maladie étoit naturelle, c'est à dire hystérique. Elle s' etoit prise de passion pour un jeune chasseur, & elle n'avoit point trouvé de retour. Une fureur utérine fut la vraie origine de ses accidens singuliers. N' ayant jamais aimé le travail, elle employoit la plupart de son tems à faire des lectures de livres ascétiques. C' est de ces livres qu'elle avoit recueilli les idées qui lui revenoient ensuite dans ses paroxismes, & qu' on regardoient comme des oracles inspirés par les anges. Elle vécut ensuite tranquille, & on ne remarqua plus en elle qu' un air de tristesse & d' abattement.

Que pensez-vous, Messieurs, de cette histoire? Que de choses cette personne hystérique auroit dites & prophétisées, si elle avoit été magnétisée & dirigée par un magnétiseur sur de certains objets, touchant le monde à venir? Ses réponses auroient été quelquefois assez extraordinaires; mais auroient-elles été pour cela plus justes & plus conformes à la vérité?

Dans

Dans le moment que j'écris ceci, je reçois la onzieme partie du journal de Berlin, mois de Novembre, 1787, où l'on rapporte un des exemples le plus curieux de ces questions d'oracle d'une personne magnétisée. La notice est tirée d'une brochure imprimée en françois & en allemand sous le titre: *Extrait du journal d'une personne magnétisée.* Francfort & Leipzig 1787. Cet extrait renferme les dépositions de la nommée Stomm de Strasbourg, qui y fut magnétisée par M. de M. Dans l'avertissement on nous apprend: Qu'elle a l'ame sentimentale, qu'elle n'a pas eu d'autre instruction, que celle du catéchisme; que du reste, bien loin d'avoir jamais étendu ses connoissances par la lecture des livres propres à l'éclairer, elle a lu une quantité d'écrits mystiques. Je me contenterai d'extraire ici, quelques morceaux du premier & du dernier chapitre. De l'Homme. L'homme suivant le rapport de cette somniloque a un esprit, une ame & un corps. L'ame est moins que l'esprit. De la Couleur de l'ame. De même que les couleurs du soleil se perdent dans la blancheur, & que le soleil dans sa totalité donne une lumiere blanche, de même aussi les couleurs de l'ame se rencontrent dans la totalité en un certain mélange, de sorte qu'elle paroît être d'un gris blanc comme les nuages. Du reste on peut dire qu'il se trouve dans l'ame entre autres couleurs, du vert, du rouge clair & du rouge foncé. Le vert caractérise la mélancolie, le rouge clair a du feu & de l'élasticité, il désigne un tempérament colérique; le rouge foncé signifie des passions invétérées. Des Elémens de l'Ame. L'ame renferme de l'air, du vent, du feu & de la terre. L'air que nous respirons est l'aliment de

l'ame

l'ame, de même que les mets ordinaires font la nourriture du corps, & que les choses spirituelles font la nourriture de l'esprit. On peut diviser les nerfs, en nerfs portans, sentans & pensans. Parmi les nerfs sentans, ceux de la vue, de l'odorat & de l'ouie se replient vers le cerveau, mais les nerfs du goût se concentrent vers la poitrine. — Voici un article du dernier chapitre. De la Trinité. Sans doute le salut des hommes se seroit opéré sans l'incarnation de Jésus-Christ; mais comment l'homme auroit-il pu le savoir, le croire & le comprendre? Le Christ est le médiateur, car sa fonction se manifeste aux moyennes régions de l'homme, à l'ame &c. &c. Si les somnambules nous prêchent de pareilles choses, comme de nouvelles révélations, ils nous donnent le droit de les déclarer pour ce qu'ils sont, pour des personnes malades de corps & d'esprit, pour des gens qui méritent notre commisération.

En voilà assez sur les phénomenes, & sur la meilleure maniere de les expliquer! Je conviens volontiers que je n'ai pas tout éclairci, & c'est ce qu'on ne peut pas faire, à moins de savoir tous les faits qu'on raconte, à moins de les avoir examinés à fond. Toutefois je crois avoir suffisamment montré que de certaines choses, qui paroissent d'abord tenir du prodige, dérivent néanmoins de causes naturelles & peuvent être expliquées naturellement. Mais pour cela il faut du tems, de la réflexion & un examen impartial. Il y a en Allemagne des hommes d'une probité reconnue qui assûrentque plusieurs magnétiseurs n'aiment pas qu'on observe leurs opérations de trop près & qu'on examine de certaines circonſtances trop exactement. Je n'ai pas beſoin de remarquer que cet incident jette du louche ſur toute l'affaire.

Je reviens, Meſſieurs, à votre mémoire, & je prens la liberté de faire quelques remarques ſur les principaux points, que vous recommandez à l'attention de vos lecteurs. Dans la diſcuſſion ultérieure de ces objets, je m'en rapporterai ſouvent à ce que je viens de dire.

Vous promettez avec une grande confiance, p. 9 — 10 de votre Mémoire, que tout lecteur attentif & ſans prévention, qui voudra ſuivre l'enchaînement d'idées que vous lui expoſez, ſera à portée de ſe convaincre de certaines vérités & de certains faits, qui ſans doute ſeroient fort nouveaux & fort extraordinaires, ſ'ils étoient fondés. Voyons! Vous dites qu'on ſera à portée de ſe convaincre, ſous les conditions que vous préſcrivez (page 6) que ce qu'il y a de phyſique dans le magnétiſme, n'eſt que *ſecondaire* ou *inſtrumental*, & ce qui en fait *le principal*, eſt de *l'ordre moral* ou *ſpirituel*. Que la magnétiſation n'eſt qu'un moyen efficace pour produire des effets ſpirituels & moraux. C'eſt ainſi du moins que j'entens, ce qui m'a paru exprimé d'une maniere un peu obſcure, p. 10. Peut-être voulez-vous dire auſſi: La guériſon corporelle, opérée par le magnétiſme, doit produire en même tems l'amendement moral, comme l'objet principal dans ces ſortes d'opérations. Cette explication paroît confirmée par ce qui ſuit, comme nous allons voir.

Le magnétiſme doit donc produire deux ſortes d'effets: *En premier lieu la guériſon corporelle.*

porelle. Cette guérison peut bien s'en suivre quelquefois par les causes dont j'ai fait mention plus haut. Seulement je doute qu'elle s'en suive toutes les fois. On a souvent observé que bien des personnes magnétisées tombent dans des convulsions, & même dans le délire. Vous mêmes, Messieurs, vous parlez de fréquentes rechutes qui surviennent aux personnes qu'on a cru guéries par le magnétisme miraculeux. Il est donc de fait, quelle qu'en soit la raison, que la guérison corporelle ne s'en suit pas toujours. *En second lieu* le magnétisme doit opérer quelque chose qui tient *de l'ordre spirituel & moral* — sans doute comme une suite de la guérison corporelle, & néanmoins ce doit être là le principal de toute l'affaire. Je tombe d'accord que le magnétiseur peut faire naitre des *idées morales*, attendu qu'il opere sur des personnes d'une forte imagination. Il leur propose des questions, relatives à leur état & aux objets sur lesquels il s'est souvent entretenu avec elles. A cela se joignent encore différentes opérations. Il peut donc diriger leur imagination à son gré. Or si le magnétiseur est un homme qui est zélé pour la religion, qui s'entretient souvent avec ses magnétisés d'objets religieux, de la vie à venir, des esprits &c., & si dans leur état magnétique il leur propose des questions relatives à ces objets, ils lui feront aussi des réponses conformes à ces préparations. Mais cela contribuera-t-il à leur amendement moral? j'en doute. Car toute l'affaire n'est, & ne sera toujours que l'ouvrage de l'imagination. Vous ne pouvez opérer de véritable amendement moral que par les instructions, les exhortations & les exemples. C'est ce que nous sa-

 vons

vons par la nature de l'ame humaine & de l'expérience. Vous mêmes, Meſſieurs, vous paroiſſez le ſentir, lorsque vous dites expreſſément p. 10. N. 2. *Que le magnétiſeur doit tâcher par ſes discours & encore plus par ſes moeurs, d'inſinuer amicalement au magnétiſé, l'exhortation importante que le Seigneur fit à l'homme malade depuis* trente ans: *Voici, tu as été guéri; ne péche plus déſormais, de peur que pis ne t'arrive, Jean. 5, 14.* Nous ſavons aſſurément que des remontrances, des inſtructions & des exhortations ſont des moyens efficaces pour amener l'amendement moral. Mais perſonne n'a encore prouvé, & nul homme ne prouvera jamais par des raiſons ſolides, que des magnétiſeurs & des eſprits puiſſent y contribuer en rien. Il eſt plutôt à craindre que ces ſortes d'opérations, pour peu qu'elles ſe répandiſſent encore, ne devinſſent avec le tems très-dangereuſes pour la moralité. Un certain médecin, qui avoit aidé à la magnétiſation de quelques perſonnes, avoue que les femmes dans cet état ne connoiſſent plus la timidité & la retenue de leur ſexe, ni rien de ce qui retient communément une jeune perſonne dans le commerce des hommes, ou de ce qui ſuspend les épanchemens de ſon coeur. Il me ſemble que cette circonſtance mérite quelque réfléxion. Qu'eſt-ce que c'eſt que cet *état extatique*, dans lequel des perſonnes magnétiſées ſe trouvent transmiſes? Eſt-ce autre choſe que l'état d'une volupté artificielle. Et par quel artifice produit-on cet état? Certainement par rien autre choſe que par des manipulations & par des attouchemens qu'une perſonne entreprend ſur le corps d'une autre. Il n'y a guere moyen de ſe figurer une vertu particuliere de la perſonne qui

qui opere. En général il est difficile de comprendre comment une femme à qui la pudeur & la chasteté sont cheres, peut se soumettre à de pareilles manipulations.

D'après vos assûrances, Messieurs, on doit se convaincre en suivant vos préceptes, qu'il y a deux manieres de magnétiser: les somniloques appellent l'une *miraculeuse* & l'autre *surnaturelle*. Le principe moral qui donne de l'activité à l'une, c'est le desir ferme & décidé du magnétiseur d'agir sur le malade, & *la confiance qu'il met en lui même*.

La différence entre *miraculeux* & *surnaturel* est prise ici dans une acception absolument arbitraire, & n'a pas besoin d'être réfutée. Mais comme de nos jours on attache des idées si différentes aux mots *miracle*, *miraculeux*, & *surnaturel*, comme d'un côté on regarde tous les miracles comme impossibles, & que de l'autre on érige en miracle tout ce qui est singulier & inusité, il sera je crois nécessaire de développer ces idées. Il en résultera, que ni les causes ni les effets des magnétiseurs ne sauroient être appellés surnaturels; que bien loin de pouvoir être comparés aux miracles de Jésus & de ses apôtres, il ne s'y trouve pas la moindre analogie.

L'expression de *miracle* ou de merveille, est employée dans l'écriture sainte, ainsi que dans la vie commune, sous différentes significations. Quelquefois on entend par ce terme, tout ce qui excite notre admiration, soit parce que la chose nous paroît grande & excellente, soit parce qu'elle est extrémement rare, ou que nous ne pouvons pas la comprendre. Dans cette acception

tion il y a des miracles sans nombre dans le règne de Dieu: c'est dans ce sens que David exalte *les merveilles de la loi de Dieu*, Ps. 119, 18. & qu'il atteste ses contemporains pour reconnoître & glorifier les prodiges que Dieu à opérés parmi les hommes, Ps. 105, 5. si vous prenez le mot de miracle dans ce sens, il résultera que des effets & des événemens tout naturels peuvent porter ce nom.

L'ignorant qui ne connoît pas les loix du mouvement, la structure & la pression de l'atmosphere, regardera l'argonaute aërien dans une machine aërostatique, comme un thaumaturge, & c'est ainsi qu'il jugera aussi du magnétiseur, parce qu'il n'a point d'idées des puissans effets de l'imagination sur le corps. Mais le philosophe & l'observateur éclairé n'y trouvera rien de surnaturel, par conséquent aussi rien de miraculeux.

C'est dans un tout autre sens que ce terme doit se prendre, lors qu'il est question des miracles de Jésus & de ses apôtres *). On entend par le terme de miracles, *des effets, qui ne sauroient être produits par les forces naturelles des hommes;* des actions qu'aucun être au monde ne sauroit faire, à moins que Dieu ne lui en ait donné spécialement le pouvoir. Personne ne

*) Je ne veux pas m arrêter aux différentes explications de ce mot. On sait quelles singulieres définitions en ont donné quelques nouveaux philosophes, pour en tirer le résultat. Que les miracles ne sont pas possibles; que tous les rapports des miracles sont absurdes & ridicules? Sans doute, lorsqu'on s'en fait des idées aussi absurdes que celles de ces Messieurs. Mais qu'est-ce qui leur dit de le faire?

ne niera, je pense, que Dieu, en vertu de sa toute-puissance, ne puisse élever les forces d'un homme jusques à opérer de telles actions, & que pour cet effet il n'est pas besoin d'interrompre ou de déranger le cours de la nature, à moins qu'on ne voulût dire, que c'est contre le cours de la nature, quand Dieu accorde des dons & des talens extraordinaires, proposition que sans doute personne n'avancera sérieusement. Il est vrai, on a objecté contre notre definition des miracles, que d'après cette explication il est impossible de juger, s'il y a quelque chose, que nous regardons comme un miracle, qui puisse mériter effectivement ce nom; car comme le génie de l'homme ne connoît point de bornes dans ses recherches & dans ses découvertes, il pouroit peut-être pousser si loin ses connoissances de la nature, qu'après des révolutions de siecles il ne trouvera plus miraculeux, ce qui a été regardé comme tel dans les siecles d'ignorance ou dans les tems moins éclairés. Mais il est facile de répondre à cette objection. Il y a des effets, dont nous savons avec certitude qu'ils n'ont jamais pu être produits par de simples forces humaines, & des quels nous pouvons soutenir avec la même certitude qu'ils ne pouront plus jamais être produits par de simples forces humaines. Dans le nombre de ces effets se trouve par exemple, la guérison soudaine des épileptiques, des forcenés, des aveugles nés, des estropiés, des sourds, des muets & d'autres personnes affligées de maux corporels, guérison opérée sans aucun médicament, par une simple parole, par un simple attouchement; la résurrection & le retour à la vie d'une personne morte par un mot d'autorité sans autres préparations ni remedes, & tous les autres effets de cette nature. Quiconque ſait produire de tels effets de cette maniere, eſt aſſurément thaumaturge, & on peut dire de lui qu' il eſt ſoutenu par des vertus ſupérieures, ſoit par de puiſſans eſprits, ſoit par la puiſſance immédiate de Dieu. Je veux être encore plus libéral. Suppoſons le cas, que d' habiles médecins parvinſſent enfin à opérer ſur les malades par des remedes naturels, ce qu' ont fait Jéſus & ſes apôtres, (choſe difficile à croire, à ce qu'il me paroît, pour tout homme ſenſé) ne faudroit-il pas toujours regarder Jéſus & ſes diſciples comme des hommes extraordinaires, par la ſeule raiſon qu' ils ont ſu des milliers d' années plutôt, ce que l' on n' a découvert que plus tard après une infinité d'eſſais.

Jéſus a donc fait de vrais miracles. Il a guéri des maladies jugées incurables, non ſeulement par les médecins d'alors, mais encore déclarées telles par ceux qui ont paru depuis près de deux mille ans. Sans préparation, ſans médicament, ſans délai, il les a rétablis parfaitement dans un inſtant. Il a fait de ces cures miracleuſes en grand nombre, preſque tous les jours, non dans l' obſcurité, mais en public; non en préſence de ſes amis, mais en face de ſes ennemis qui épioient toutes ſes actions. C'eſt ce qui a été atteſté par des hommes qui avoient donné les preuves les plus inconteſtables de leur ſagacité & de leur droiture. C'eſt ce que ſes plus mortels ennemis, forcés de croire ce qu' ils voyoient, n' ont jamais pu nier; & ils n' ont pu colorer la perſévérance de leurs inimitiés que par ce reproche abſurde: Qu'il faiſoit ces prodiges par le ſecours des démons, reproche inſenſé qui ſe réfute de lui même?

Jéſus

Jésus n'a pas seulement opéré de vrais miracles, il les a encore opérés dans les vues les plus importantes, dans des vues qui ne pouvoient être atteintes sans miracles ; & pour que ses apôtres pussent continuer & achever l'ouvrage commencé, il leur avoit communiqué la puissance de faire les mêmes miracles. C'est là une circonstance très-essentielle, que nous ne devons jamais perdre de vue; & c'est là l'idée que nous devons nous faire de la sagesse suprême: car il n'y auroit point de sens de croire, que Dieu eut préferé sans nécessité les moyens extraordinaires aux moyens ordinaires. Ce ne sera que dans les cas de la plus haute importance, qu'il revêtira des hommes de la force de faire de miracles, dans les cas où une grande fin ne peut être amenée que par des dispositions extraordinaires. Tel étoit le cas des miracles de Jésus & de ses disciples. Ils devoient être les signes (σημεια), les caracteres, auxquels on devoit reconnoître que Jésus & ses apôtres étoient ceux pour qui ils se donnoient, des hommes qui avoient reçu de Dieu la mission, d'enseigner & d'introduire une nouvelle religion. Par cette mission les hommes devoient être ramenés de leur indifférence pour des vérités importantes, & rendus plus attentifs aux instructions des envoyés de Dieu.

On poura se convaincre à quel point cette mission étoit nécessaire, en se transportant par la pensée dans les tems, où Jésus & ses apôtres parurent. Tout le monde sait dans quel état déplorable se trouvoit alors la religion. La plus grande partie du genre humain étoit livrée à l'idolatrie. Une seule nation, la judaïque, avoit des notions un peu meilleures de la religion,

gion, mais auſſi chez elle ces notions étoient tellement obſcurcies & défigurées par les fauſſes interprétations & par les additions des Docteurs de la loi & du corps des prêtres, que cette religion avoit presque perdu toute ſon utilité pour le progrès de la vertu & le bien-être des hommes. Enfin Jéſus vint, le fondateur de la meilleure & de la plus conſolante des religions. Il entreprit d'exécuter un plan qui jusque là n'avoit été conçu par aucun ſage — le plan d'introduire & d'enſeigner une religion qui fût parfaitement adaptée aux beſoins de tous les hommes parmi toutes les nations, & qui renfermât des inſtructions d'une utilité & d'une facilité generale pour conduire à la vraie felicité.

Plan auſſi ſublime que vaſte! Pour le concevoir & pour l'exécuter il falloit une ſageſſe, un courage, une réſolution extraordinaire. Toutefois pour ne pas m'écarter de mon but, je ne dirai rien des difficultés ſans nombre qui s'oppoſoient à l'exécution. Mais certes, tout penſeur conviendra avec moi, que c'étoit là un des problêmes le plus difficile à réſoudre: comment porter des hommes d'une façon de penſer ſi différente à prêter l'oreille à un homme qui promet de révéler les vérités les plus importantes, & qui s'annonce comme l'envoyé de Dieu pour prêcher une nouvelle religion? La nation juive croyoit qu'il lui ſuffiſoit d'avoir ſa loi moſaïque & ne ſentoit pas même le beſoin d'une meilleure inſtruction. Et même tout homme qui auroit oſé déclarer ſa loi inſuffiſante & défectueuſe, ſe ſeroit expoſé à être lapidé comme profane. Les autres nations étoient auſſi fortement attachées à leur culte ſuperſtitieux des idoles, & elles regardoient comme

comme le plus ſacré de leurs devoir, de vénérer les mêmes Dieux qui avoient été vénérés par leurs peres & leurs aïeux.

Comment Jéſus s'y prit-il, pour ſe faire écouter de ſes compatriotes, parmi lesquels il parut comme inſtituteur d'une nouvelle religion, & pour les perſuader qu'il étoit en état de leur enſeigner une meilleure doctrine que celle qu'ils avoient appriſe jusque là? Par quelles démarches pouvoient-il ſe légitimer, qu'il étoit véritablement envoyé de la part de Dieu, & faire voir que dans une affaire d'une ſi vaſte étendue, comme l'introduction d'une nouvelle religion, il n'agiſſoit pas de ſon propre mouvement; mais d'après l'ordre exprès de la Divinité? Pour cet effet il n'y avoit ſans doute pas de moyens plus efficaces que celui d'annoncer ſa miſſion par des miracles. Il le fit; & chacun de ſes miracles étoit un bienfait. Alors tout le monde, & même l'homme le plus borné devoit tirer la concluſion ſuivante: Cet homme fait ce que nul homme ne peut faire de ſa propre force. Il joint à ce beau don une bonté de coeur toute particuliere; ami de l'humanité, il s'intéreſſe par deſſus tout au bien-être du genre humain. Il faut que ce ſoit un grand favori de la divinité. Tel fut auſſi le jugément qu'on porta de Jéſus. La confiance qu'on prenoit en lui croiſſoit de jour en jour. On fut inſenſiblement perſuadé, qu'un pareil homme méritoit d'être entendu, puisqu'il annonçoit encore en outre des vérités qui concernoient le vrai bonheur de l'ame, & la félicité éternelle de l'homme. Et lorsqu'en qualité d'envoyé de la Divinité il ſe voyoit obligé de dire aux hommes des

des choſes contraires aux notions introduites de la religion, il pouvoit avancer hardiment qu'il méritoit auſſi ſur ce point toute créance, attendu que ſes oeuvres le caractériſoient comme un confident particulier de la Divinité. Jean. 10, 37. 38.

Malgré cela Jéſus fut méconnu à la fin par la plus grande partie de ſa nation; il fut condamné à mort, & exécuté publiquement comme un impoſteur & un ſéducteur du peuple. Mais il l'avoit prévu. Parfaitement ſûr de ſon fait, il communiqua après ſa réſurrection le don des miracles à quelques hommes qu'il avoit pris pour ſes diſciples, & il leur recommanda de ſe ſervir de ce don pour la même fin qu'il s'en étoit ſervi. C'eſt ce qu'ils firent, comme nous le ſavons tous. Et il arriva alors, ce qui ne ſeroit peut-être jamais arrivé ſans le concours des miracles. Les apôtres furent reconnus pour des hommes de qui on avoit lieu d'attendre de grandes choſes, relativement aux lumieres de la religion & au bien-être des hommes. Ils trouverent de l'aprobation; & comme l'eſſence de leur doctrine répondoit à l'attente du public, ils parvinrent en peu de tems à renverſer le culte des idoles & les autels de la ſuperſtition dans une grande partie de l'empire romain. Enfin ils y introduiſirent la religion de Jéſus*).

Or

*) La preuve touchant la vérité de la religion chrétienne par les miracles et les prophéties, a de grands défauts, ſurtout de la maniere qu'on l'établit ordinairement. On a dit avec auſſi peu de jugement que de juſteſſe, que les Miracles et les Prophéties ſont les ſeuls moyens par lesquels je peux me convaincre. Quant à moi je penſe que de nos jours cette preuve n'eſt guere capable de convaincre un ſcep-

Or le but qu'on se proposoit par-là étoit très-grand & très-important, but qui ne pouvoit être atteint que par le moyen des miracles. Tout

sceptique et un incrédule, et qu'elle ne peut guere avoir de l'utilité que pour ceux qui sont déja persuadés par d'autres principes de a bienfaisance du christianisme, ou qui y sont déja fortement porté. Je n'ai pas besoin de dévoiler le foible de cette preuve; les adversaires du christianisme ne l'ont malheureusement fait que trop souvent, et avec les armes du raisonnement et du ridicule. Mais aussi les apôtres mêmes n'ont point cherché à démontrer la vérité de la religion de la maniere qu'on veut la démontrer aujourdhui. Ils considéroient le christianisme comme une affaire du coeur. Ils le recommandoient comme un besoin pour tout homme qui aspire à une plus grande tranquillité de l'ame, à une plus exacte droiture du coeur et à une plus haute perfection de l'esprit, enfin comme le plus grand bienfait de Dieu, bienfait si recommandable par lui même. Aussi pouvoient ils compter que tout Juif ou tout Païen, qui chérissoit la vérité et la félicité, qui adoptoit et suivoit cette religion, l'aimeroit et l'estimeroit, et qu'il en sentiroit l'avantage indicible sur le judaïsme et le paganisme. Rien de plus certain que tel fut le sentiment des apôtres au sujet de leur religion, et nous en trouvons une infinité de preuves dans les épîtres de St. Paul. Très-rarement ils font mention de leurs miracles. Mais voici les vérités qu'ils rappellent aux Chrétiens: „Vous savez vous même combien vous étiez ignorans et indifférens pour Dieu et pour le bien, combien vous étiez auttrefois vicieux et misérables, lorsque vous étiez Juifs et Païens. Comparez votre état actuel à celui d'où vous êtes sorti. Ces excellentes lumieres, ces nobles façons de penser, ces sentimens vertueux et bienfaisans, c'est au christianisme que vous les devez. Et ce même Dieu, qui a fait de vous des hommes sensés, bons et heureux, vous a réservé dans l'éternité des joies infiniment plus grandes. Il faut donc que vous tâchiez de devenir toujours plus sages, toujours meilleurs, afin que vous ne perdiez pas la félicité qui vous est promise." Qu'on lise

Tout observateur sans partialité & sans préoccupation, trouvera qu'en pareil cas les miracles conviennent à la Divinité; à moins qu'on affectât

lise surtout l'épître aux Ephésiens. Du reste toutes les épîtres apostoliques sont remplies de ces sortes de remontrances.

Voici donc ce que je pense des preuves du christianisme: Quiconque ne sent pas en lui le desir d'être mieux éclairé, et d'acquérir une vertu plus haute, une félicité plus grande; quiconque s'imagine être devenu sage, vertueux et heureux sans aucune instruction du christianisme, ou qui croit n'avoir pas besoin de le devenir; quiconque ne souhaite pas même qu'après cette vie terrestre il y ait à espérer pour l'homme, un état meilleur et plus parfait: celui-là ne sera pas convaincu de la vérité du christianisme par les preuves les plus démonstratives; et rien surtout n'échauffera moins son coeur pour la vertu et la vérité, que la froide subtile démonstration des miracles et des prophéties. On ne doit forcer personne à recevoir un bienfait. Le malade qui se croit bien portant ne demande point de médecine; et un pauvre qui se croit riche ne reçoit point d'aumône. St. Math. 9, 12.

Quant aux sceptiques honnêtes et de bonne foi, je voudrois qu'ils considérassent les propositions suivantes, que je crois des vérités certaines et décidées:

1) Du tems de Jésus il n'y avoit que deux religions publiques dans le monde, la judaïque et la païenne. Quant à la religion des philosophes, elle ne peut guere être mise en considération. Dans tous les tems les philosophes ont été peu nombreux, et ces philosophes, restreignant leurs instructions à un petit nombre de disciples de la classe des lettrés, n'ont jamais été les instituteurs du peuple.

2) Ni le judaïsme ni l'idolâtrie n'étoient des religions pour tous les besoins des hommes. Au surplus la religion juive, destinée pour un seul peuple et totalement défigurée alors par le phariséisme et le sadducéisme, ne pouvoit jamais par sa nature devenir la religion de toutes les nations. La religion païen-

fectât de croire, qu'il est absolument indifférent au genre humain qu'il y ait une vraie religion dans le monde ou non, & que nous serions tout aussi bien en adhérant au judaïsme, ou au paganisme superstitieux, qu'en embrassant le christianisme bienfaisant.

Réfle-

païenne, bien loin de donner des instructions de la vertu, du contentement et du bonheur, favorisoit la superstition la plus funeste et tous les vices destructeurs de la joie et de la félicité humaine.

3) Jésus et ses apôtres ont sans contredit plus contribué à éclairer en peu de tems le genre humain par rapport à la religion, que n'ont fait tous les philosophes avant et après ces tems. Ils ont détruit les idées généralement reçues touchant les sacrifices et la propitiation des divinités par des sacrifices. Ils ont donné plus de cours et ont rendu plus populaires certaines maximes religieuses, qui n'étoient crues alors que par un petit nombre de philosophes, ou qui étoient regardées comme vraisemblables, telles, par exemple, que les idées de Dieu et de sa providence, celles de la rémunération après cette vie, du prix de la vertu et de son influence sur la félicité humaine. Par l'exposition de certains faits qu'ils pouvoient prouver, ils ont su donner à ces maximes et à d'autres semblables une telle évidence et un si grand poids, qu'elles furent reçues en peu de tems par un grand nombre de juifs et de gentils. Ils ont enseigné une excellente morale, qui l'emportoit sur la morale philosophique en ceci, que par des motifs tout nouveaux et déduits des maximes en question, elle metroit la volonté en activité, elle prêtoit de la force pour dompter les affections des sens et elle donnoit du courage pour supporter les maux de la vie. Aussi la religion de Jésus fut-elle adoptée, crue et pratiquée dans un court espace de tems par un nombre infini d'hommes. Les associations chrétiennes des premiers siecles, se sont signalées sur tous leurs contemporains par l'humanité, la bienfaisance, la probité et par toutes les vertus sociales. Une pareille révolution n'a jamais été opérée par les philosophes. Le christianisme est donc

la

Réfléchissez, Messieurs, & jugez vous même, si les effets du magnétisme d'aujourd'hui ont la moindre ressemblance avec ces miracles de Jésus & de ses apôtres. Il est vrai, vous le croyez. *Vos somniloques ont dit: Que quant au moral, il y a un certain, quoique encore foible, degré d'analogie entre le magnétisme de nos jours & l'impositions des mains dont le Seigneur a accordé le don salutaire aux membres de son église du tems des apôtres.* — Un de vos confreres s'exprime encore plus fortement *) en comparant les prétendus miracles des crises avec les miracles rapportés dans

la meilleure et la plus bienfaisante des toutes les religions: aussi auroit-elle certainement produit les effets les plus salutaires, si elle se fût conservée dans sa pureté primitive. Les horribles déprédations et les attrocités commises par des chrétiens dans les siecles postérieurs sont attribuées à tort à la religion de Jésus. Car il faut bien distinguer le catholicisme, le calvinisme, le luthéranisme etc. du christianisme apostolique dans toute sa pureté. Si les détracteurs de la religion chrétienne vouloient ou pouvoient se donner la peine, d'examiner sérieusement, l'essence de cette religion, séparée de toutes les opinions des sectaires, il est à croire que le choix entre le judaïsme, le paganisme, le naturalisme philosophique, et le christianisme, ne leur paroitroit pas difficile à faire. Qu'il me soit permis de faire aux philosophes deux questions? 1) Seroit-il avantageux à la société humaine, s'il n'y avoit point du tout de religion ni de vertu dans le monde? 2) Le naturalisme peut-il jamais devenir la religion du peuple?

*) V. Extrait des journaux d'un Magnétiseur &c. p. 145. J'ai vu des Crises et lu quelques uns des résultats: on croiroit lire les Actes des Apôtres; mais je dois à la confiance qu'ils m'ont marqué et à moi même, de n'en rien publier, et je m'interdis même toute réfléxion à cet égard.

dans les actes des apôtres. Vous sentirez aisément l'inexactitude de cet exposé, si vous voulez vous donner la peine de peser ce que j'ai dit des marques caractéristiques des vrais miracles. Ces caracteres manquent aux effets du magnétisme. Par les procédés magnétiques on n'a pas encore guéri de maladies incurables, mais seulement de ces maladies ordinaires, que tout habile médecin peut guérir. Vous ne trouverez aucun malade rétabli dans un instant par une seule parole; au lieu de cela vous employez de longues manipulations. Aucun mort n'a été ressuscité. Les magnétiseurs ne voient pas avec plaisir, que les incrédules portent un regard scrutateur sur leurs opérations & leur fassent des questions. Au surplus on ne sauroit trouver des raisons solides, pourquoi il se feroit des miracles de nos jours. Car les magnétiseurs n'ont point reçu de mission de la Divinité, pour enseigner & répandre une nouvelle religion, comme Jésus & ses apôtres. Ce que vos somnambules disent par raport à la religion, est connu depuis longtems par la bible, & n'a pas besoin de nouvelle confirmation par des miracles, ou se trouve même faux & également opposé à la saine raison & à la sainte écriture.

Tâchons d'éclaircir encore la chose. Vous nous apprenez fort sérieusement que les bons & les mauvais esprits sont les seuls & les vrais auteurs des surprenans phénomenes que nous offrent le somnambulisme & le magnétisme; faits dont vous prétendez vous être convaincu par expérience. Vous avez été jusques là, à ce que vous dites, d'avoir eu des entretiens réglés avec ces esprits, & d'avoir su d'eux les noms qu'ils portoient de leur vivant. Ces esprits font de différens ordres, & quelques uns font d'un rang fi élevé, que lorsqu'on fait bien l'art de leur faire des demandes, on peut en tirer les réfultats les plus fublimes fur les chotes concernant le règne de Dieu & le monde invifible. Vous croyez fur la foi de Swédenborg, que vous nommez *un interprête infpiré de la vérité divine*, & vous n'en doutez nullement, que l'homme eft originairement crée pour être en même tems habitant de la terre & citoyen du ciel, pour avoir la *vue & l'ouie extérieures ouvertes* pour voir les hommes & converfer avec eux, & pour avoir en même tems *la vue & l'ouie intérieures* ouvertes pour voir les anges & converfer avec eux. Cela fuppofé vrai, le fomnambulisme, fuivant votre conviction, eft pour *les magnétifeurs & les affiftans* qui veulent bien en ufer, une *image*, quoique bien foible encore, *de l'état primitif* de communication immédiate avec l'autre monde, état auquel l'homme a l'efpérance d'être rendu, lorsque le nouveau règne du Seigneur aura trouvé affez d'accés dans le coeur des mortels ici bas, pour que la fainte cité puiffe defcendre du ciel, &c. (Apoc. 21, 2. 3.)

Ce feroit fans doute une peine fort inutile de vouloir vous convaincre, que vous n'avez point appris par expérience ce que vous vous imaginez d'avoir appris, & vous faire revenir de votre croyance en Swédenborg. Je ne ferois pas non plus grande impreffion fur vous, en vous rappellant un Caliostro & d'autres faifeurs de prodiges, qui ont été reconnus à la fin ou pour des trompeurs ou des trompés. A ce que je peux bien prévoir, vous oppoferiez à mes plus fortes raifons vos prétendues expériences; & à l'égard du dernier point, vous vous en tireriez

reriez toujours par ce faux-fuyant, que l'abus ne détruit pas le bon uſage, & que les choſes les plus ſacrées ont été profanées par des imposteurs. Pour moi je ſuis fort perſuadé, qu'il ne me ſeroit pas difficile de découvrir l'illuſion, ſi je pouvois aſſiſter à vos opérations, avec la liberté d'examiner à mon gré tout ce qui s'y paſſe. Cependant je ſouhaiterois bien que vous luſſiez avec de ſérieuſes réfléxions un écrit qui a paru depuis peu ſur ce point, & que nous devons à une Dame auſſi diſtinguée par les qualités du coeur que par celles de l'eſprit *). Sa croyance en Swédenberg, ſon penchant pour le myſtique & pour le merveilleux étoit au plus haut degré. De-là elle devint disciple crédule de Calioſtro. Mais convaincue à la fin, que c'étoit un impoſteur, elle rougit d'avoir été trompée ſi groſſierement par cet homme. Rien ne ſauroit faire plus d'honneur à cette excellente Dame, que d'avoir eu la candeur & la force de rendre ce témoignage à la vérité & de dire publiquement: „ J'ai erré! Imbue de fauſſes idées de la religion, j'ai aſpiré à la communication avec des eſprits d'un ordre plus élevé, & je n'ai trouvé ſur cette route qu'artifice & impoſture ". Il ſeroit à ſouhaiter que des hommes vrais, qui ont fait les mêmes expériences, vouluſſent ſuivre un exemple ſi louable.

Mais j'ai déja dit, Meſſieurs, que ce n'eſt pas mon deſſin d'oppoſer des raiſon à vos prétendues expériences, attendu que ce ſeroit une

 peine

*) L'ouvrage en queſtion, écrit en allemand, porte pour titre: *Mémoire ſur le ſéjour du fameux Calioſtro à Mittau en 1779. & ſur les opérations magiques qu'il y a faites.* Par Charlotte-Eliſabeth-Conſtancia de Recke, née Comteſſe de Medem, Berlin & Stettin, chez Frederic Nicolai, 1787. in 8.

peine inutile. Ce qui me tient le plus à coeur dans cette affaire, c'eſt de voir l'abus qu'on fait de la bible. De-là, bien des gens peuvent être fortifiés dans le ſoupçon, que ces principes de fanatiſme ſe trouvent favoriſés par les maximes des livres ſaints. Je vais donc tâcher de défendre ſur cet article l'honneur de la bible. Heureux ſi je parvenois d'une part à lever des doutes apparens contre la divine révélation dans l'eſprit de quelques obſervateurs de bonne foi, & ſi je réuſſiſſois de l'autre part à donner des notions plus juſtes à ceux qui, prenant de fauſſes idées des choſes, inclinent au myſtique & au merveilleux, pour les préſerver, s'il étoit poſſible, de l'illuſion & de l'artifice.

L'exiſtence des bons & des mauvais eſprits eſt rapportée dans la bible comme une choſe vraie & décidée; il y eſt parlé de pluſieurs de leurs attributs, de leurs inclinations & de leurs fonctions. La ſaine philoſophie, à ce qu'il me ſemble, n'a rien à objecter contre l'opinion, qu'il exiſte, outre les ames humaines, de bons & de mauvais eſprits. Je crois plutôt qu'il ſeroit contre toute l'analogie des oeuvres de Dieu, d'admettre qu'il n'exiſte qu'une eſpece d'êtres intelligens. Eh quoi? Un Dieu qui aime la variété dans tous ſes ouvrages, qui a créé dans une gradation admirable des eſpeces infinies d'animaux, ce Dieu n'auroit produit qu'une ſeule claſſe d'êtres ſpirituels? Ces globes innombrables, dont la plupart ſurpaſſent infiniment en grandeur notre terre, ne ſeroient pas habités par des créatures raiſonnables, & n'exiſteroient qu'afin que nous puiſſions, nous autres habitans de la terre, recréer nos yeux en les contemplant? C'eſt ce dont je ne ſaurois me perſuader.

ſuader. Il me paroitroit vraiſemblable, qu'indépendamment de l'homme il y a encore une infinité d'eſpeces de créatures intelligentes, quand même la bible n'en parleroit pas.

Un esprit intelligent ſans activité ne ſe conçoit pas. Or dès que j'admets l'exiſtence de certaines claſſes d'eſprits, de quelque rang qu'ils ſoient, il faut auſſi que je leur attribue un cercle de mouvement. Mais déterminer quelle eſt l'étendue de leurs forces, quelle eſt la dimenſion de ce cercle de mouvement — qui l'oſeroit? La raiſon ne peut abſolument rien décider ſur cet objet. La bible nous en dit peu de choſes. Toutefois elle décrit les anges, ou les bons esprits comme les ſerviteurs de la divine providence, qui trouvent leur plus grande félicité dans l'exécution fidele des ordres de Dieu, & qui ont été employés quelquefois dans les affaires importantes des hommes; au contraire elle décrit les démons ou les mauvais esprits, comme des êtres malicieux & cauteleux, qui cherchent à contrarier les vues bienfaiſantes de Dieu & à fomenter le mal parmi les hommes. Je ne crois pas qu'en bonne philoſophie on ait beaucoup d'objections à faire contre ces notions. Car qu'y a-t-il d'incroyable, que des eſprits, qui ne ſont pas enveloppés d'un corps groſſier comme nous, puiſſent ſe rendre d'une planete dans l'autre? Ou qui oſeroit ſoutenir, qu'il n'eſt pas de la ſageſſe de Dieu dans aucun cas, de ſe ſervir des esprits ſupérieurs pour mettre en exécution ſes vues parmi les hommes? Pour décider ſur cette matiere, il faudroit avoir ſaiſi tout le plan de l'économie divine: & c'eſt ce dont nul mortel n'oſeroit ſe glorifier. Quant à moi je ne trouve rien de choquant dans les récits de la bible où il eſt dit en termes exprès, que Dieu dans des cas extraordinaires a manifeſté ſa volonté à quelques hommes par des anges & de bons génies. Cela pouvoit arriver ſans que le cours de la nature eût été interrompu. Mais lorsque nous examinons avec attention ces paſſages de l'écriture, & que nous diſtinguons avec ſoin quelques tableaux poëtiques des prophétes, d'avec les récits hiſtoriques, nous trouvons qu'il n'eſt fait mention du ſervice, ou de la participation ſpéciale des anges dans les affaires humaines, que dans les grandes occaſions, où il s'agit de quelques vues particulieres de Dieu, de vues également importantes & extraordinaires. Et dans ces ſortes de cas, l'intermiſſion des eſprits ſupérieurs eſt toujours repréſentée comme une affaire ſoudaine & abſolument inattendue. Il n'eſt dit nulle part que des hommes aient eu un commerce conſtant avec des anges, ni même que ce commerce ait été cherché & ſouhaité. Car l'explication de Swédenborg du paſſage de Phil. 3, 20. eſt abſolument fauſſe. Il n'eſt pas dit dans ce paſſage, que nous devons aſpirer dès cette vie à avoir une correſpondance continue avec les eſprits ſupérieurs; nous devons ſeulement nous conſidérer en eſprit comme citoyens du ciel, afin de nous préparer à la jouiſſance de cet état céleſte en rempliſſant ſcrupuleuſement nos devoirs, en ennobliſſant notre façon de penſer & en pratiquant des actes de bonté & de vertu. Maintenant nous ſommes citoyens du ciel en eſpérance; ce ne ſera qu'après cette vie que nous le deviendrons effectivement, lorsque nous nous en ſerons rendu ſuſceptibles & dignes. Il n'eſt nullement queſtion, durant cette vie terreſtre, de commerce avec les eſprits. Auſſi jamais aucun prophéte, aucun

apôtre

apôtre ne s'est-il glorifié d'un pareil commerce, & encore moins se trouve-t-il un seul passage de la bible qui puisse autoriser cette opinion. Tout ce qui paroît de relatif à cet objet dans l'Apocalypse, n'est qu'une représentation poëtique, comme je le ferai voir plus en détail ci-après, en examinant ce livre. Dieu nous a fait connoître tout ce que nous devons savoir pour notre instruction & notre amendement d'une maniere si claire & si précise, que nous pouvons très-bien nous passer de la communication avec les anges & les esprits des morts. On peut appliquer ici ce que Jésus a dit dans St. Luc. 16, 31. *Ceux qui ne croient pas les préceptes de Jésus & de ses apôtres, ne croiront pas, quand quelqu'un des morts ressusciteroit.*

Ce que j'ai dit jusques ici des effets & de l'existence des bons anges, peut être appliqué en partie aux mauvais esprits. Mais comme la doctrine des mauvais anges, a été encore plus défigurée par les interprétations superstitieuses que celle des bons anges, il sera à propos de m'arrêter un peu plus sur ce point.

Je vois par votre remarque 6) à la quelle vous renvoyez dans votre lettre, que vous adoptez comme une chose décidée, que tout le mal moral, par conséquent aussi les maux physiques qui en résultent, & notamment toutes les maladies, proviennent toujours des malins esprits. Cette influence continue des malins esprits sur les ames & les corps des hommes, principe que vous paroissez, Messieurs, vouloir établir, ne sauroit être démontrée ni par la raison ni par la sainte écriture. Parlons d'abord des causes des maladies corporelles, puis nous discuterons l'influence des démons dans les ames des hommes.

Toutes les maladies, dites-vous, proviennent des mauvais esprits. Qu'il me soit permis, avant de discuter les passages que vous citez pour prouver votre proposition, de faire préliminairement une remarque générale sur cette matiere. Vous savez sans doute, Messieurs, ce qui a été dit dans les tems modernes par de profonds interprêtes des saintes écritures sur les passages du nouveau testament, dans lesquels il est parlé d'obsessions. Je vais concentrer, autant qu'il me sera posible, & le point principal, & les causes qui en résultent. Tout se réduit à ceci : Du tems de Jésus & de ses apôtres, le monde en général & la Judée en particulier n'avoit pas fait autant de progrès dans la médecine qu'on en a fait de nos jours. Quand on ne pouvoit expliquer le principe d'une maladie, on avoit recours à la coopération des malins esprits. Si vous voulez vous donner la peine de comparer les passages des possédés dans les évangiles, vous trouverez que ce nom a été donné à des forcenés, à des maniaques, à des lunatiques, à des épileptiques, & à d'autres misérables. Parmi les juifs il ne manquoit pas de gens qui tenterent la guérison de ces misérables. Dans la supposition que les malades de cette nature étoient tourmentés de malins esprits, ils se servoient à la vérité de certaines conjurations; (Math. 12, 27.) mais l'historien Joseph nous apprend qu'ils joignoient à leurs exorcismes l'usage des remedes naturels. Bien rarement les exorcistes réussissoient à procurer à leurs malades la guérison désirée. Leurs cures n'étoient gueres que des palliatifs. Au bout de quelque tems le mal, qu'ils se vantoient d'avoir détruit, revenoit avec de nouvelles forces, & le malade étoit plus à plaindre que jamais. C'est

de

de ces cures que Jésus parle dans Luc. 11, 24. 25. 26. Enfin Jésus parut — le plus grand thaumaturge qui ait jamais été. Il guérit les maladies les plus désespérées. Et cela de façon que les malades étoient parfaitement rétablis. Mais comment? Non par des exorcismes judaïques; non par des simples ou d' autres médicamens, mais par une seule parole, & dans un instant. Celui qui rétablit parfaitement de cette maniere des maniaques, des lunatiques, des épileptiques, celui - là est certainement un vrai thaumaturge, soit qne ces maladies dérivent de causes naturelles, soit quelles proviennent des malins esprits. Voilà le point principal dans les miracles de Jésus. Il ne faisoit pas de longues recherches sur la maniere que ces malheureux avoient gagné leurs maladies, si elles tiroient leur origine de causes naturelles ou surnaturelles? il secouroit. Il ne se donnoit pas la peine inutile d'éclairer sa nation sur des objets physiques ou hyperphysiques; cette instruction auroit été prématurée alors & lui auroit pris un tems destiné à des occupations plus importantes, peut-être même auroit-elle entierement détruit l'impréssion favorable que pouvoit faire ses précepte sreligieux. Ajoutons à ces raisons, qu'il n'étoit pas venu pour enseigner la médecine & la physique, mais la religion. De-là il ne tenta pas même d'abolir l'usage ordinaire du langage & d'en introduire un autre. Il s'accommoda donc sur ce point, comme sur plusieurs autres, à la capacité de ses contemporains, il se servoit des noms qu'ils avoient coutume de donner à de certaines maladies*).

Autant

*) Peut-être aussi prit-il ce parti pour s'expliquer d'autant plus énergiquement contre les Sudducéens, qui

Autant il eſt certain qu'il y a de malins eſprits, autant il eſt incertain qu'ils ſe ſoient jamais emparé des corps des hommes & qu'ils aient produit des maladies. Du reſte c'étoit l'opinion populaire du tems de Jéſus & de ſes apôtres. Mais s'ils toléroient, comme il convenoit à des hommes ſages, ces opinions populaires, ainſi que nombre d'autres préjugés, alors peu nuiſibles, il ne s'en ſuit pas qu'ils les aient généralement approuvées, ou qu'ils aient même voulu les ériger en articles de foi pour tous les tems à venir.

Cette explication pouroit bien paroître un peu hardie & trop haſardée à ceux qui ne ſavent pas ſéparer le bled de la paille. Ceux qui veulent aller le chemin le plus ſûr, préféreront la lettre des récits évangéliques, & croiront que les démoniaques du tems de Jéſus ont été véritablement poſſédés par de malins eſprits. A cela je n'ai rien à alléguer. Mais en convenant que par des vues de Dieu très-ſages il ait été accordé alors aux malins eſprits une influence extraordinaire ſur le corps des hommes; J'oſe avancer hardiment que de nos jours il n'y a plus de poſſédés. Depuis qu'on a fait des progrés dans la phyſique & dans la médecine, on a heureuſement découvert, que tous ceux qui ſe donnoient ou qui paſſoient pour des poſſédés, étoient ou trompeurs ou trompés, & que leurs maladies venoient de cauſes naturelles. Cette découverte eſt un grand bienfait. Tout le monde ſait quels rôles ont été joués ſous le maſque des poſſeſſions du démon. Il n'eſt que trop connu à quelles horreurs, à quelles atrocités a donné

qui nioient abſolument l'exiſtence des eſprits, et pour montrer qu'il eſt le maître du monde des eſprits.

donné lieu la croyance aux ſortileges & aux enchantemens, liée de ſi près à celle des poſſeſſions. Nous préſerve la providence, nous & nos neveux de retomber jamais dans cette funeſte barbarie, où il étoit ſi facile à la vengeance & à la ſcélérateſſe de conduire au bucher d'innocentes victimes!

Ainſi, Meſſieurs, tous les exemples des poſſédés tirés du nouveau teſtament ne prouvent rien, ou prouvent tout au plus que du tems de Jéſus & de ſes apôtres il y a eu des poſſédés. Qu'il y en ait encore de nos jours, c'eſt ce qu'il faudroit démontrer par d'autres raiſons. Vous me direz: S'il y en a eu alors, il eſt poſſible qu'il y en ait encore de nos jours? A cela je répons: je vous accorde la poſſibilité, mais je vous nie la réalité. Il n'eſt pas beſoin que tout ce qui eſt arrivé une fois ou ſouvent, arrive toujours & en tout tems. Il ne ſuffit pas de dire: Tel ou tel malade eſt poſſédé par les malins eſprits. Il faut le prouver; & c'eſt à quoi vous ne réuſſirez jamais. Le phyſicien éclairé, le médecin circonſpect, dévoilera tôt ou tard les cauſes naturelles de la maladie; & s'il ne peut pas le faire dans des cas très-extraordinaires, il ſuspendra modeſtement ſon jugement & penſera que d'autres ſauront peut-être ce qu'il ignore. Préliminairement il lui ſuffira d'inférer de l'analogie & de mille expériences ſynonimes, que dans tous les cas donnés, il ſeroit de la derniere inconſéquence, de déduire de l'influence des mauvais eſprits, un phénomene qu'il ne ſauroit expliquer.

J'ajouterai encore ici que les paſſages, (Actes des apôtres 19. 11, 12. & Luc. 4. 38, 39) d'après lesquels vous prétendez prouver que les maladies en général dérivent des eſprits malins, renfer-

renferment exactement le contraire. Dans le premier paſſage, les maladies, attribuées alors à l'influence des malins eſprits, ſont diſtinguées des maladies, ordinaires par la particule. Dans le ſecond il n'y a aucune trace de la diſtinction, que vous admettez très-gratuitement. Πνευμα ἀσθενειας s'explique par le verſet 16. (ἣν ἔδησεν ὁ σατανας) par où l'on peut conclurre que cette perſonne a été miſe dans la claſſe des démoniaques d'après la ſignification ordinaire du mot. A l'égard du troiſieme paſſage, prenez la peine de le comparer avec celui de Matth. 8, 26. où l'évangéliſte dit, que Jéſus *commanda avec ménaces à la mer & aux vents, & la tempête ſe calma.* Vous ne prétendrez pas prouver par ce paſſage que le vent & la mer aient été ſous l'influence des mauvais eſprits? Il ne s'en ſuivra donc nullement de l'expreſſion dont Jéſus ſe ſert dans la guériſon de la belle-mere de Simon-Pierre, que ſa fiévre provenoit de l'influence des eſprits malins.

Je viens déſormais aux influences des mauvais eſprits ſur les ames des hommes. A cet égard il en eſt à peu près comme des influences ſur leurs corps. Nulle part il n'eſt dit dans la bible que les eſprits malins ſéduiſent *conſtamment* les hommes & qu'ils les incitent au péché. Cette opinion n'eſt fondée que ſur l'explication inexacte de quelques paſſages du nouveau teſtament. Comme il ſeroit trop long de les parcourir en détail, je me contenterai de dire en général, de quelle maniere on peut les entendre & les expliquer conformément à l'uſage établi de la langue.

Je ne répéterai pas ici, ce que j'ai dit plus haut de l'exiſtence des mauvais eſprits. Le nouveau teſtament ſuppoſe cette exiſtence comme certaine. Ces esprits ſont décrits comme des êtres exceſſivement méchans, qui s'oppoſent à chaque occaſion aux vues de Dieu, & qui ſurtout, ennemis déclarés des hommes, ne cherchent à fomenter que du mal dans le monde.

De cette ſuppoſition fondée, il en eſt réſulté des façons de parler & des figures, employées dans le langage populaire d'alors, & conſervées par les apôtres avec d'autant plus de raiſons, qu'elles renferment en effet quelque choſe de vrai.

1) *Il eſt dit de tous les hommes très-méchans & très-vicieux, qu'ils vivent au gré des malins esprits, qu'enfans du diable ils ont un ſens pervers.* Eph. 2, 2. Jean 3, 8. Rien ne ſurpaſſe la méchanceté des malins esprits. Quiconque a donc un caractere décidément méchant & qui ſe livre à des vices prémédités, eſt ſemblables à eux.

2) *Les illuſions ſingulierement fortes de la raiſon & du coeur, ſont attribuées aux influences & aux inſpirations des malins esprits.* Quand un homme a eu les plus grands encouragemens pour le bien & qu'il perſiſte malgré cela dans ſa malice, & dans ſa perverſité ; quand il va toujours loin dans ſon aveuglement, & qu'il commet même dans cet état une action décidément perverſe, l'on dit que le démon la lui a inſpirée, que le malin esprit l'a gouverné &c. C'eſt ainſi qu'il eſt dit du traitre Judas, *que Satan étoit entré dans ſon coeur*, que Satan lui avoit inſpiré la penſée de trahir Jéſus. C'eſt ainſi qu'il eſt dit d'Ananie, dans les Actes des apôtres, que Satan avoit ſéduit ſon coeur, pour lui faire commettre une impoſture.

Et

Et c'eſt ainſi qu'il eſt dit auſſi des juifs incrédules & des gentils du tems des apôtres, *que le Dieu de ce ſiecle, Satan avoit aveuglé leurs esprits.* 2 Corinth. 4, 4. *Que le prince des tenèbres agit inceſſament ſur les incrédules.* Eph. 2, 2. Le principe de ces expreſſions & de ces remontrances eſt celui-ci: qu'on ne pouvoit comprendre comment Judas, disciple de Jéſus, doué de connoiſſances, après tout ce qu'il avoit vu & entendu pendant ſes liaiſons avec ſon maître, ait pu former le noir projet de trahir le meilleur & le plus innocent des hommes: qu'on ne pouvoit concevoir comment les juifs & les gentils, pouvoient non ſeulement dédaigner l'inſtruction lumineuſe & convaincante des apôtres, mais encore perſécuter ſi artificieuſement & ſi méchamment les inſtituteurs de la verité. La raiſon pourquoi on attribuoit les transgreſſions frappantes aux inſpirations des malins esprits, étoit donc, parce qu'on ne pouvoit ſe rendre raiſon d'une autre maniere un ſi haut degré d'aveuglement, ou parce qu'on vouloit exprimer très-fortement ſon averſion contre de certains forfaits.

Mais nulle part il n'eſt dit dans la bible, que les malins esprits agiſſent conſtamment ſur les ames des hommes, qu'ils leur inſpirent en tout tems, à toute heure de mauvaiſes penſées, & qu'ils influent ſur toutes leurs actions vicieuſes. Rien de ſemblable n'eſt certainement jamais entrée dans l'esprit des apôtres. Au contraire l'apôtre Jacques dit expreſſément: chap. 1, 14, 15. *Chacun eſt tenté, lorsqu'il eſt ſollicité & attiré par ſa propre concupiſcence. Enſuite quand la concupiſcence a conçu, elle enfante le péché, & le péché, étant conſommé engendre la mort.* Ainſi ni la saine raiſon, ni la ſainte écriture, n'offrent aucun fonde-

fondement pour nous faire croire que les malins esprits agissent constamment sur les corps & les ames des hommes.

Par-là je crois avoir réfuté ce que vous dites plus amplement note (3) savoir, qu'on peut prouver par le magnétisme animal, *que toutes les maladies, même celles qui surviennent par des cas fortuits, sont, ainsi que ces mêmes cas qui y donnent occasion, les suites des influences que l'homme s'attire de l'enfer par ses passions déréglées.* Suivant le précis de votre écrit, vous prétendez que c'est là une vérité & un fait, que vous voulez prouver par le magnétisme animal. Cela ne peut guere arriver que par le dire de vos somnambules. Mais je crois avoir montré suffisamment qu'on ne peut pas faire fond sur les déclarations & les témoignages de ces personnes. Vous mêmes, vous paroissez l'avoir senti ; en conséquence de cela vous avez recours à la théorie suivante de l'ame humaine: „L'ame humaine, dites vous, est un organe spirituel, doué de libre arbitre, d'intelligence & d'activité. L'homme, suivant l'usage bon ou mauvais qu'il fait de ces facultés se dispose à recevoir ou des influences de vertu & de sagesse de Dieu par les anges & les bons esprits, ou des influences de vice & de folie de l'enfer par les démons & les mauvais esprits.“ Cette théorie renferme un mélange de vrai & de faux. Rien de plus vrai que l'ame humaine est douée de libre arbitre, d'intelligence & d'activité. Rien de plus vrai qu'elle peut faire un bon ou un mauvais usage de ses forces & de ses facultés. C'est ce que l'expérience nous apprend irrévocablement. Mais comment voulez-vous prouver que l'ame acquiert ces bonnes ou ces mauvaises impressions par les bons ou les

 mauvais

mauvais esprits? Vous ne le prouverez ni par la raison, ni par la bible, ni par l'expérience. J'ai déja dit que vos somnambules le prouvent tout aussi peu. Aussi rien ne seroit plus superflu ici que les influences des bons & des mauvais anges. Car quand un homme fait un bon emploi des facultés de son ame, il devient vertueux & sage. Mais par quel moyen est-il porté à faire un bon usage de ses facultés? Par l'instruction & la méditation de la divine parole & de la saine raison, par l'application & la contention de son esprit. Pour cet effet il n'a pas besoin d'anges. Il en est de même pour l'effet contraire. Quand l'homme fait un mauvais usage des facultés de son ame, il tombe sous la puissance du vice & de la folie. Et d'où vient qu'il ne fait pas un bon usage de ses facultés? Parce qu'il est trop indolent pour réfléchir sur les vérités utiles; parce qu'il se laisse aller à ses penchans pervers, parce qu'il suit les mauvais exemples etc. Pour cet effet il n'a pas besoin de démons. Ce que vous dites dans votre remarque (b), n'est autre chose qu'une redite, de votre assertion précédente, seulement en d'autres termes & toujours sans preuve. Vous vous êtes fait vous même une objection contre votre théorie. Je crois qu'il n'est pas besoin, d'examiner la réponse que vous y faites, attendu que toute cette théorie, à laquelle se rapporte l'objection & la réponse, est dénuée de fondement & de preuve.

Après ce que j'ai dit jusqu' ici, je ne trouve pas nécessaire de réfuter en détail ce que vous avancez, 4) sur le but principal & sur les effets de la magnétisation: car tout n'est fondé que sur le dire de vos somnambules qui ne nous ont

ont pas encore donné la moindre autorité pour mériter notre croyance. Je reviens donc au *miraculeux* & au *surnaturel* du magnétisme. Sans répéter ce que j'ai dit plus haut sur l'idée d'un vrai miracle, j'ajouterai quelques remarques sur ce que vous dites dans votre lettre au sujet de la durée du don de faire des miracles. Vous avancez que cette promesse de certains dons de faire des miracles n'a pas été borné exclusivement aux premiers chrétiens, mais qu'elle peut s'étendre à nos tems, *si la providence le juge conforme à sa volonté.* Vous prétendez être autorisé à cette attente par quelques termes du nouveau testament, & surtout de Marc. 16, 17, 18. comparés avec Jac. 5, 14, 15 & Jean. 15, 7. Chap. 14, 12. termes par lesquels il est promis sans aucune restriction à ceux qui auront cru, que par l'imposition des mains ou par l'invocation du Seigneur, ils guériront les malades par un acte de leur volonté, & qu'ils obtiendront de Dieu tout ce qu'ils desireront. Mais il me semble qu'il est aisé de faire voir, que cette promesse ne s'étendoit pas même à tous les premiers chrétiens, mais seulement aux apôtres & à d'autres instituteurs extraordinaires: que les dons de faire des miracles ne leur avoient été promis & réellement accordés que pour une certaine fin, & que ces dons ont cessé, dès qu'on eut atteint la fin qu'on s'étoit proposée par ces moyens extraordinaires. C'est ce que je vais tâcher de prouver.

1 Je dis que cette *promesse des facultés extraordinaires pour faire des miracles, ne s'étendoit pas à tous les chrétiens, mais seulement aux apôtres, & à d'autres instituteurs extraordinaires.* Lisez par exemple le passage de Marc 16. sans prévention

tion & dans sa connexion. Avec qui Jésus s'étoit-il entretenu? Avec les onze qui l'avoient vu après sa résurrection, mais qui n'avoient pas cru d'abord qu'il fut véritablement le christ; v. 14. avec les onze, qu'il chargea de prêcher & d'introduire sa doctrine dans le monde. Lisez les passages de l'évangile de Jean, & vous trouverez qu'ils sont pris des entretiens de Jésus avec ses disciples & ses apôtres. Dans ces entretiens, il veut les tranquilliser d'avance sur sa mort prochaine, & les encourager à continuer résolument l'ouvrage commencé. A cette occasion il leur promet la puissance de faire des miracles. Les apôtres & leurs disciples furent les seuls à l'égard desquels cette promesse fut remplie. On ne trouvera point d'exemples que des chrétiens ordinaires, qui n'étoient pas instituteurs, aient fait des cures miraculeuses. Dans le passage de Jac. 5, 14. 15. il est fait mention du prêtre de l'église, qui étoit par conséquent instituteur public. Mais dans ce passage il n'est pas même question de cures miraculeuses. L'opération d'oindre d'huile étoit un remede fort usité dans les pays orientaux. Ce remede, accompagné de prieres, pouvoit opérer la guérison par la grace de la divine providence.

Le don de faire des miracles n'avoit été promis & réelement accordé aux apôtres que pour une certaine fin. C'est ce que j'ai fait voir plus haut. Préposés pour introduire une nouvelle religion sur la terre, il falloit qu'ils montrassent que Dieu leur en avoit donné la mission; il falloit qu'ils excitassent l'attention & qu'ils acquissent de la confiance. Ils y réussirent, en guérissant sur le champ, comme avoit fait leur maître, les maladies

ladies les plus incurables, par la simple invocation de Jésus, & de maniere que la santé des personnes guéries étoit durable. On ne trouve aucune trace que les apôtres & leurs disciples, aient fait quelques dispositions pour mettre les malades qu'on leur amenoit dans un état qui eut le moindre rapport avec les somnambules de nos jours. L'objet principal des apôtres étoit l'instruction & l'enseignement. Il ne faisoit des miracles que pour atteindre plus facilement leur but. Par les miracles seuls personne ne fut porté à embrasser la religion chrétienne; le perfectionnement moral & la conviction de certains préceptes, de certaines vérités, alors encore nouvelles, ou non adoptées, ne furent absolument opérés que par des instructions précises & par des raisons lumineuses. Qu'on lise attentivement le nouveau testament, on sera convaincu, que telle a été la conjoncture des apôtres & des instituteurs extraordinaires, quant aux miracles.

Dès que la fin en question fut atteinte, on se passa des moyens; ou pour m'exprimer plus clairement: *Dès que la religion de Jésus fut reçue par un nombre suffisant d'hommes, en sorte qu'elle put porter le nom d'une religion solidement établie & reconnue pour vraie dans plusieurs régions de la terre, dès-lors on vit cesser le don des miracles.* Alors les Juifs & les Païens pouvoient bien sans miracles être rendus attentifs au haut prix de la religion de Jésus. Les sociétés chrétiennes qui se distinguoient en tous lieux par la bonté de leur coeur & par la droiture de leur caractere, pouvoient acquérir la confiance de leurs contemporains, sans que leurs instituteurs eussent besoin de faire toujours des miracles. A quoi bon le moyen, lorsque la fin est obtenue?

 Je

Je ne crois donc pas que le don de faire des miracles n'ait cessé que depuis le tems des Conciles. La chose est arrivée sans doute beaucoup plutôt, & vraisemblablement peu de tems après la mort des apôtres, ou celle de leurs disciples immédiats, auxquels le don des miracles fut communiqué dans les vues que nous avons déja dites. Il est vrai, les anciens peres de l'église, ainsi que les docteurs catholiques des siecles postérieurs, racontent un grand nombre d'histoires miraculeuses; & encore de nos jours des moines & des prêtres de l'église catholique-romaine, veulent s'autoriser par des miracles simulés pour faire croire à leur mission & à leurs fictions superstitieuses. Mais déja les histoires miraculeuses, racontées par les docteurs chrétiens du second & du troisieme siecle, sont pour la plupart très-suspectes. On ne voit que trop clairement par les récits des peres de l'église, ou qu'ils se formoient des idées très-fausses des miracles, ou qu'ils se croyoient permis, pour la prétendue gloire de la religion, d'en forger de leur façon. A quoi ils furent portés par leur ignorance. Ils savoient que du tems de Jésus & de ses apôtres il s'étoit fait des miracles. Mais comme ils en ignoroient les causes, ils se figuroient faussement qu'il falloit que le don des miracles continuât. De-là ils tâcherent de réparer le manque des miracles réels par des miracles simulés, ou par des fictions. Tout le monde sait, que depuis le quatrieme siecle on ne se faisoit point scrupule de ces fictions, si connues sous le nom de fraudes pieuses.

Vous croyez à la vérité, Messieurs, que le tems est venu, où Dieu va dispenser de nouveau ses dons miraculeux, comme du tems des apôtres.

tres. Mais qu'est-ce qui vous autorise d'être dans cette attente? L'attente tout aussi peu fondée d'un nouveau règne de Jésus-Christ, de la nouvelle église qui va descendre incessamment du ciel. Or comme les somnambules parlent de dons & de vertus surnaturels, qui, selon vous, sont accordés à ceux qui s'abstiennent de péchés volontaires & qui résignent leurs coeurs au Seigneur, vous considérez de certains effets frappans du magnétisme & du somnambulisme comme les précurseurs de cette grande révolution, & vous vous confirmez par-là dans votre attente d'un nouveau règne du Christ.

Je ne répéterai pas ici ce que j'ai déja discuté plus haut, au sujet de la foi qu'on doit ajouter selon moi aux discours de vos somnambules. Mais qu'il me soit permis de vous découvrir mes pensées en peu de mots sur votre attente d'un nouveau règne du Christ. Je n'ai pas dessein d'examiner tout votre systême; pour cet effet il me faudroit écrire un livre, qui ne seroit peut-être lu ni de vous ni du public. Je souhaiterois seulement ramener votre attention & celle de mes lecteurs à quelques observations générales, qui puissent donner matieres aux amis de la vérité à faire des réfléxions ultérieures.

Ceux qui sont au fait de l'histoire ecclésiastique savent que dès les tems les plus reculés de l'église & dans les différens siecles suivans, il y a eu des personnes & des sociétés chrétiennes qui attendoient & espéroient un règne particulier du Christ. Leur intention pour la religion étoit bonne: du moins on peut le supposer de la plupart. Ils étoient pénétrés de douleur de voir que la religion de Jésus ne produifoit pas les effets qu'on devoit en attendre, lorsqu'on réfléchit fur l'excellence de, fa morale. La grande corruption répandue dans la chrétienneté, & les horribles vices qui régnoient dans tous les ordres & dans toutes les claffes des hommes les affectoient vivement. Enflammés d'un faint zele, ils fentirent que leurs forces n'étoient pas fuffifantes. Ils crurent qu'il n'y avoit aucun amendement à efpérer, à moins que Dieu n'envoyât des fecours extraordinaires & qu'il ne prit pitié de fon églife par des difpofitions miraculeufes. Pleins de ces penfées, ils lurent les prophétes, le nouveau Teftament & fur tout l'Apocalyfe. On croit ce qu'on defire. Faut-il s'étonner, s'ils trouverent dans ces livres faints, ce qu'ils fouhaitoient d'y trouver? On n'en fera pas furpris, lorsqu'on penfe que la plupart de ces gens, malgré la bonté de leur coeur, étoient dépourvus des connoiffances favantes, abfolument néceffaires pour l'intelligence de l'écriture fainte; de forte que, trop peu au fait de la langue des prophetes, ils prirent à la lettre, ce qui avoit été dit dans le fens figuré. De-là cette attente finguliere & fouvent merveilleufe, au fujet de laquelle ils fe font attirés tour-à-tour le ridicule & la perfécution de la part des fociétés plus confidérables du chriftianifme. Dans le fond ils ne méritoient ni l'un ni l'autre. Les troubles dans l'état, excités quelquefois par des particuliers & par des fociétés plus nombreufes, devoient fans doute être réprimés par le magiftrat, mais ne devoient nullement être mis fur le compte de ceux qui penfoient mieux. La plupart de ces perfonnes, méritoient de l'indulgence & même de la vénération, malgré leurs erreurs qui ne venoient pas d'une mau-

mauvaise source. Mais quelque louable que fut leur dessein, quelque saint que fut leur zele, ils erroient néanmoins dans l'objet principal, & cette erreur a eu souvent des suites plus pernicieuses qu'on n'avoit cru d'abord. Ces associations finissoient toujours par diminuer peu-à-peu, ou se contentoient de coopérer en silence, n'osant pas manifester leurs opinions & n'attendant qu'une époque favorable pour le faire.

Telle étoit la société philadelphique qui se forma en Angleterres vers la fin du siecle passé. Les principaux personnages étoient : jeanne Leade, Jean Pordage Médecin, & Thomas Bromley. La fondatrice de cette société, Jéanne Leade, avoit fait beaucoup de bruit pendant quelque tems par ses visions, ses prophéties, ses promesses & ses maximes. Cette femme & ses amis parloient du règne prochain du Christ, d'une effusion merveilleuse du Saint Esprit, de dons miraculeux, de nouvelles révélations & de toutes sortes de révolutions extraordinaires, dont la suite seroit, qu'on verroit cesser toutes les dissentions de la chréticnté & naître une seule église universelle. Et bref, Messieurs, cette société philadelphique en Angleterre a tant de ressemblance avec la société exégétique & philantropique de Stockholm, dont vous êtes membre, que je suis dans l'idée que celle-ci est un renouvellement de celle-là, ou qu'elles se trouvent dans une étroite liaison ensemble. Et la chose est d'autant plus vraisemblable, que votre ami Swédenborg, dont vous avez entierement adopté les principes, a été plus d'une fois en Angleterre ; & il convient lui même d'avoir trouvé dans ce pays beaucoup d'amis,

 qui,

qui, se joignant à lui pour le même but, avoient approuvé ses opinions. Vous même, Messieurs, vous recommandez à vos amis, les ouvrages métaphysiques de Pordage, surtout le chapitre de la magie. Je ne saurois décider si Swédenborg a puisé quelques unes de ses opinions dans les écrits de Jeanne Leade & de Jean Pordage. Ce qu'il y a de certain, c'est que ses principes & ceux de la société philadelphique ont une ressemblance si marquée, qu'elle doit frapper tout homme qui en fait la comparaison. Vraisemblablement cette société a coopéré en silence jusqu'à ces derniers tems, & Swédenborg a fait la connoissance de quelques uns de ses membres. C'est ce que je ne prétens pas avancer comme certain, mais comme une chose très-probable.

Quoiqu'il en soit, Messieurs, je suis persuadé que vous êtes bien intentionnés pour la religion. Vous êtes pénétrés de douleur de voir la grande corruption qui régne dans la chrétienté. Et quel est l'homme de bien qui ne soit affecté à cette vue des mêmes sentimens? Vous voulez contribuer pour votre part à répandre la vérité & la vertu. Rien assurément de plus louable. Mais croyez moi, Messieurs, les moyens que vous employez & que vous recommandez, ne sont nullement capables de remplir ces bonnes intentions. Bien loin de pouvoir en attendre des avantages, on doit plutôt craindre qu'il n'en résulte des effets pernicieux pour le christianisme. Car vos principes & vos expositions, sur lesquels vous vous expliquez dans votre écrit, ne sont point fondés sur la vérité, mais sur l'illusion, mais sur des passages mal-entendus de l'écriture sainte, sur des conséquences hazardées que vous tirez de faits ou équivoques ou improbables. Par-là il y a toujours plus à perdre qu'à gagner pour la vérité & la religion.

Vous parlez d'un nouveau règne du Seigneur, d'une nouvelle église qui doit descendre du ciel, d'une nouvelle révélation divine, que le Seigneur, comme vous dites, de sa grace ineffable, vient d'ajouter de nos jours à celle que sa bonté & sa sagesse nous a accordée dans la Bible. Et c'est principalement sur l'Apocalypse de St. Jean que vous fondez votre attente d'un nouveau règne du Seigneur, ou de la nouvelle Jérusalem. Je crois donc nécessaire de toucher un mot de ce livre. On ne peut disconvenir que dans tous les tems les fanatiques & les enthousiastes n'aient singulierement abusé de l'apocalypse, & qu'il ne se trouve toujours des gens, peu instruits du langage des prophétes, qui n'en fassent d'étranges interprétations.

Je n'agiterai point ici la question, quel est l'auteur de ce livre? En admettant qu'il est écrit par l'apôtre St. Jean, (ce qui a paru fort douteux dans les tems anciens & modernes) il ne s'agit maintenant que de le bien entendre & de le bien expliquer. Il seroit fastidieux de nombrer seulement les principales explications qui en ont été faites; il suffit de dire que rien de plus mal fondé que l'opinion jadis commune, qui établit que l'apocalypse renferme une histoire complette de l'église chrétienne. Cette opinion date du moyen âge & dérive des Cordeliers & d'autres moines fanatiques, qui, fâchés contre le pape, appliquoit au chef & au siege

siege de Rome, tout ce qui est dit dans l'apocalypse de la bête & de la grande prostituée.

Sans doute on ne pouvoit rien attendre de mieux de moines ignorans, sans goût & sans aucune connoissance du langage des prophétes. Mais ce qui doit paroître surprenant, c'est de voir que cette explication ait trouvé ensuite tant de partisans dans l'église protestante.

Quant à moi l'apocalypse ne me paroît nullement être le livre obscur & énigmatique pour lequel on l'a fait passer longtems & pour lequel il passe encore. Il est vrai, lorsqu'on l'explique comme un ouvrage dogmatique, le sujet devient incompréhensible. Mais ne seroit-il pas ridicule si j'expliquois un Homere comme un Aristote? Ou en général un poëme comme un ouvrage en prose. L'apocalypse est toute écrite dans le langage poëtique & figuré, langage ordinaire des prophétes. Pour s'en convaincre, il suffit d'y jetter les yeux, & de la comparer avec les écrits prophétiques de l'ancien testament. C'est donc ainsi qu'il faut l'expliquer. Sans quoi vous y introduisez des chymeres, à quoi l'auteur n'a pas pensé.

Or en ne perdant jamais de vue cette premiere régle, & en tâchant de développer les images hardies pour la plupart, on ne trouvera rien de mystérieux dans ce livre si maltraité &, ce me semble, si injustement décrié. L'apocalypse ne renferme autre chose que les prédictions de Jésus (Matthieu 24. Luc.21) représentées sous des images fortes & dans des tableaux poëtiques; ou pour dire la même chose en moins de mots: L'apocalypse decrit le *triomphe du Christ sur ses ennemis*, & n'est autre chose qu'une peinture

ture sensible des paroles de Paul, 1 Corinth 15, 25: *Jésus-Christ doit régner jusqu' à ce qu' il ait triomphé de tous ses ennemis.* Sous le nom de ses ennemis on entend tout ce que s' oppose à l' introduction, à la propagation & à la conservation de sa religion. Par conséquent on peut réduire le sujet de l' apocalypse de St. Jean à ces courtes propositions générales: La religion de Jésus aura des adversaires & des ennemis parmi les Juifs, les Gentils & les Hétérodoxes. Toutefois elle ne sera jamais entierement détruite, ni tout-à-fait étouffée, & elle se maintiendra jusqu' à la fin des siecles. Après avoir été longtems persécutée, & dédaignée, après avoir été longtems défigurée par la superstition & par des additions pernicieuses, il viendra un tems, où elle sera la religion dominante & où elle sera reconnue dans sa perfection & dans sa pureté par la plus grande partie du genre humain. A l' aproche de la fin du monde, elle trouvera de nouveau ses adversaires. Alors Jésus-Christ viendra pour le jugement universel, punir les méchans & récompenser les justes; & tous ses fideles confesseurs jouiront dans le ciel d' une félicité parfaite & permanente. Comparez ces propositions avec les passages de Matthieu & de Luc 24-21, cités plus haut, vous trouverez la même chose, rendue avec plus de précision: tandis que les images dans l' apocalypse sont plus terminées & plus chargées de couleurs. Voici comme procéde ordinairement l' auteur: 1) Il établit que de certains événemens sont résolus dans le ciel; car sans les décrets éternels de la providence rien ne se fait sur la terre. 2) Il expose sous des images, de quelle maniere les décrets de Dieu sont exécutés. Les agents sont toujours les bons & les mauvais anges; les premiers comme

comme serviteurs de la providence; les derniers comme antagonistes de Dieu & des hommes. 3) Quand tous les décrets de la providence sont accomplis, on célébre une fête dans le ciel, & on entonne le cantique de louange de l'immuable providence. Tel est le plan général. Il faut donc bien se garder de faire d'une triple scene, qui ne doit représenter qu' une seule action, trois différens événemens. A cet égard la Messiade de Klopstock a un grand rapport avec l'apocalypse de St. Jean. De certaines vérités générales en forment la base. Mais ne seroit ce pas faire tort au poëte, si l'on prenoit dans le sens propre tout ce qu' il fait faire par des esprits?

Cela posé, il sera facile de voir que ni l'apocalypse, ni aucun passage du nouveau testament ne renferme la promesse d'un nouveau règne du Seigneur, une nouvelle église, une nouvelle révélation. Car les passages de l'apocalypse 21, de la nouvelle Jérusalem, de la cité sainte, que saint Jean a vu dans sa vision, doivent s'entendre du ciel, la demeure des bienheureux, & forment un tableau de la félicité céleste. C'est ce qui est prouvé partoute la connéxion du sujet. Comparez encore ces passages avec ceux de Paul aux Hebreux, 12, 22, 11, 10, où il est certainement question des demeures célestes, & vous y trouverez une ressemblance frappante.

Quiconque aura lu & médité sans partialité le nouveau Testament, n'attendra certainement pas sur la terre un nouveau règne du Christ. Car qu'est-ce que le règne du Christ, qu'est-ce que l'église. Ce n'est assûrément autre chose que le christianisme, ou ce vaste corps qui

qui est étendu aujourd'hui dans toutes les régions de la terre, cette grande association d'hommes qui reconnoissent Jésus-Christ pour leur maître & leur chef, qui se croient obligés de vivre selon ses préceptes & qui attendent de lui leur salut & leur félicité spirituelle. Le règne du seigneur, l'église existe déja, & n'a pas besoin d'être attendue. Il est vrai, il arrive toutes sortes de révolutions dans ce règne du Seigneur, mais il subsiste & il subsistera jusqu'à la fin du monde. De-là je n'entends pas bien ce que vous voulez dire par le nouveau règne du Christ. Vouloir que les associations chrétiennes aujourd'hui existantes cessent tout d'un coup & soient remplacées par de nouvelles, c'est ce qui ne sauroit être votre opinion. Peut-être n'espérez & n'attendez vous qu'un perfectionnement très-grand, très-remarquable & tout-à-fait inoui. Je le souhaite & je l'espere avec vous. En effet quelques passages du nouveau testament & surtout de l'apocalypse de St. Jean semblent donner l'espérance d'un état singulierement perfectionné de la chrétienté. Mais ce perfectionnement ne se fera pas tout d'un coup, & ne paroîtra que successivement. Il ne sera pas opéré par des prodiges, ni par une nouvelle révélation, mais par cette même religion de Jésus, contenue dans la bible; car vous ne trouverez nulle part qu'il soit promis une nouvelle révélation pour être ajoutée à celle qui existe aujourd'hui. L'apôtre Paul assûre positivement, que la religion chrétienne, comme la meilleure de toutes, subsistera non seulement un certain tems, comme la religion judaïque, mais qu'elle conservera constamment son prix (v. 2 Corinth. 3, 11. Hebreux 12, 25-28. dans le texte). Aussi à quoi serviroit une nouvelle révé-

révélation? La religion de Jésus nous offre une méthode si claire & si feconde pour nous enseigner notre vraie félicité, que nous n'avons pas lieu d'en souhaiter une meilleure. Elle nous dit tout ce qui nous est nécessaire de savoir, relativement à la certitude d'une vie à venir, aux béatitudes du ciel, à l'amour de Dieu & de la providence, & aux vérités qui peuvent influer sur notre amendement & sur notre satisfaction. Elle nous instruit de nos devoirs, en sorte que loin de se borner à nous ordonner des choses & à nous en défendre d'autres, elle emploie les motifs les plus sublimes & les plus pathétiques pour émouvoir les coeurs susceptibles de bonnes impressions. Parfaitement adapté à nos besoins actuels, elle n'a pas besoin d'additions. Or si nous n'avons pas besoin d'une nouvelle religion, d'une nouvelle révélation, nous n'avons pas non plus besoin de miracles. Le seul cas, dans lequel on dût attendre des prodiges de la part de la providence, seroit si la religion de Jésus cessoit de suffire au genre humain & qu'il fallut faire connoître une nouvelle révélation. Tant qu'elle ne sera pas nécessaire (& elle ne le sera jamais tant que le monde subsistera) on n'aura pas besoin de miracles.

Peut-être voudrez-vous prouver l'insuffisance de la religion de Jésus pour les besoins actuels des hommes & la nécessité d'une nouvelle révélation divine par la corruption qui règne dans la chrétienté. Peut-être nous rappellerez-vous l'incrédulité de nos jours, les sarcasmes téméraires contre le christianisme & l'irréligion visible qui s'est répandue comme une peste & qui semble se répandre toujours de plus

plus en plus. Mais s' ensuit-il de là que la religion de Jésus soit insuffisante? N'est-ce pas la faute des hommes, si ses bons effets sont encore si bornés? Remédieroit-on au mal par une nouvelle révélation? Demander des miracles, lorsque les moyens ordinaires sont suffisans, c'est vouloir tenter Dieu. Et ce seroit ici le cas. Au lieu de nous faire illusion sur de vaines attentes, réfléchissons plutôt sur les causes, pourquoi le christianisme n'a pas produit un plus grand nombre de bons effets; pourquoi il a toujours trouvé & trouve encore tant d'obstacles; & par quel moyen on pouroit lever ou diminuer ces obstacles.

En cherchant les causes, pourquoi la religion chrétienne n'a pas produit les effets qu'on pouvoit en attendre, on trouvera qu'elle a été altérée de bonne heures, & cela dès le troisieme siecle, mais encore plus depuis le quatrieme; que dès-lors elle a été si horriblement défigurée par des additions humaines, par des spéculations inutiles, par de fausses applications & par le mélange de cérémonies superstitieuses, qu'elle n'a conservé que peu de choses de sa simplicité & de son excellence primitive. Parcourez avec moi les tems antérieurs, & vous serez surpris que la doctrine de Jesus sitôt défigurée ait produit encore tant de bons effets. Je vois par votre lettre, Messieurs, que le tems des conciles vous paroît remarquable. Il me le paroît aussi. Car depuis cette époque, depuis le quatrieme siecle, l'esprit du christianisme s'est presqu' entierement évanoui. Les évêques introduisirent d'éternelles disputes sur les explications de certains dogmes, qui devoient être crus avec respect par les chrétiens & appliqués à leur amendement & à leur tranquilité. Mais ces évêques ne se servirent bientôt de ces dogmes que comme des objets de leurs spéculations. Quelque ignorans qu'ils fussent & quelque peu de notions qu'ils eussent de l'esprit du christianisme, ils oserent toutefois décider impérieusement dans leurs conciles laquelle de deux ou de plusieurs opinions spéculatives devoit être regardée comme la vraie & la seule efficace. Après une pareille décision il falloit qu'elle fut crue par toute la chrétienneté, sous peine d'excommunication, d'exil, d'infamie, & même de damnation éternelle. Leurs décisions furent regardées comme les décrets du S. Esprit & néanmoins, pour être valides, il falloit qu'elles fussent confirmées par les empereurs. D'après les principes d'alors, l'orthodoxie & l'hétérodoxie, le salut & la damnation, ne dépendoient absolument que de prélats ignorans, de moines fainéans, & d'empereurs foibles, qui se laissoient abuser par des docteurs avides, insolens & tracassiers pour l'avancement de leurs desseins ambitieux. A l'égard des maximes principales du christianisme, de la foi & de la charité, il n'en fut presque plus question. Celui-là seul étoit regardé comme un bon chrétien, qui recevoit & croyoit l'orthodoxie recommandée dans les conciles, qui observoit scrupuleusement les cérémonies religieuses augmentées à l'infini, qui véneroit la vierge Marie, le signe de la croix, les reliques des saints, qui faisoit le pélerinage de Jérusalem, qui dotoit richement les églises & les couvens, & qui marquoit une obéissance aveugle au clergé & surtout aux évêques. La vie monastique étoit regardée comme le plus haut degré de la perfection chrétienne; & cette sainteté des moines consistoit dans l'abstinence

ſtinence du mariage, dans la macération du corps, dans les combats avec les démons, & dans une infinité de pratiques ſuperſtitieuſes, diamètralement opoſées à l'esprit du chriſtianisme. De plus ces enthouſiaſtes ſuperſtitieux ſe vantoient d'avoir fait une quantité de miracles, pour ſe donner de la conſidération auprès du peuple crédule. Les récits de ces miracles excitent tour-à-tour la pitié & le rire. Cependant ils étoient crus en dépit du bon ſens. Cette dévotion monaſtique fut admirée & recommandée dans le quatrieme ſiecle & dans tous les tems ſuivans, par les plus grandes lumieres de l'egliſe & par les premieres colonnes de l'orthodoxie, même par un Athanaſe, un Baſile, un Chryſoſtôme, & par les plus illuſtres évêques. Il eſt vrai, dans le quatrieme ſiecle quelques hommes diſtingués eſſayerent de s'oppoſer aù torrent de la ſuperſtition. Mais les exemples de Jovinien & de Vigilance nous montrent, combien il étoit dangereux d'entreprendre pareille choſe. Jérôme, ce moine ſuperſtitieux, déclara ces deux hommes de vrais monſtres, & il aurait été charmé qu'on leur eût arraché la langue, ou qu'on les eût brûlé tout vifs. Et pourquoi? Quelle étoit donc l'horrible doctrine qu'ils cherchoient à répandre. Ils avoient enſeigné que l'abſtinence du mariage n'étoit pas une oeuvre méritoire; que Marie avoit mis Jéſus-Chriſt au monde non *clauſo ſed aperto utero*, que le jeûne pouvoit être un bon moyen de dévotion, mais qu'en lui même le jeûne n'etoit pas une vertu, n'étoit pas une oeuvre méritoire; que le culte de vénération qu'on rend aux martyrs & à leurs reliques étoit une ſuperſtition funeſte; qu'il étoit puérile d'alumer des cierges dans les égliſes en plein jour; que c'étoit mal fait de recourir à l'interceſterceſſion des ſaints qui étoient morts; que les miracles, qui ſe faiſoient ſuivant l'opinion d'alors ſur les tombeaux & dans les égliſes des saints, n'étoient que des miracles forgés. — Ce ſont là aux yeux de St. Jérôme d'horribles héréſies, & il ſollicite toute la chrétienté de s'oppoſer à ces impoſteurs. Ceux qui ſavent de quelle conſidération jouiſſoit ce St. Jérôme, ne ſeront pas ſurpris, que toute la ſuperſtition dont il avoit embraſſé ſi vivement la défenſe, fut érigée en orthodoxie. Qu'étoit devenu l'esprit du chriſtianiſme apoſtolique? Il fut presqu'entierement étouffé ſous le poids des inſtitutions humaines & des pratiques ſuperſtitieuſes. Le peu de préceptes fondamentaux de la religion chrétienne qu'on avoit conſervés, perdoient presque toutes leurs forces par les fauſſes applications. Il eſt encore étonnant qu'ils aient pu produire tant de bons effets. On ſait trop bien, & je n'ai pas beſoin de le répéter, que depuis le ſeptieme ſiecle l'état de la religion avoit encore empiré. Les papes & les moines firent à leur gré de nouveaux articles de foi. La bible n'y fut point du tout conſultée, ou bien on la fit ſervir abuſivement à confirmer de nouveaux dogmes. Et tous ces nouveaux dogmes furent forgés à l'avantage des papes & du clergé. Qu'on compare le ſyſtême de la doctrine chrétienne du moyen âge, avec le contenu du nouveau teſtament, & l'on trouvera à peine quelque légere reſſemblance. Ce qu'on nommoit chriſtianiſme, n'étoit autre choſe qu'un mélange biſarre de Judaïſme, de paganiſme, de monachiſme, de ſubtilité ſcolaſtique, de formules chrétiennes vides de ſens; & ſi par la divine providence il ne s'étoit pas conſervé des exemplaires de la bible, nous ignorerions aujourd'hui

quelle

quelle doctrine Jésus & ses apôtres avoient enseigné. Or la religion chrétienne ainsi défigurée pouvoit-elle produire beaucoup de bien? Etoit-il surprenant que la plupart des chrétiens ne fussent pas meilleurs que les païens? Heureusement dans les tems les plus fâcheux, il se trouvoit encore des hommes privés & des sociétés nombreuses, qui, recourant à la bible, avoient le courage de secouer le joug des papes & la superstition monacale Ils furent à la vérité persécutés par le parti dominant: on chercha à les exterminer par le fer & le feu. Mais ils ne purent être entierement détruits. Rien d'étonnant que plusieurs partis donnerent aussi dans les visions. Mais aussi parmi ces visionnaires il se trouvoit des hommes qui avoient de meilleures notions de Dieu & de la vertu, que le grand nombre du parti dominant des catholiques.

La grande réformation du seizieme siecle donna une atteinte sensible au papisme. Je n'ai pas besoin de nombrer les grands avantages de cette révolution mémorable & les conséquences salutaires pour le christianisme épuré, ainsi que pour le progrès des lettres & pour les constitutions politiques. Ils sont connus & avoués par ceux qui pensent bien. Mais ceux qui savent distinguer la religion de la bible de la théologie de l'église, n'avanceront sans doute jamais que cette réformation ait entierement rétabli le christianisme pur & apostolique. Et comment auroit-il été possible qu'un petit nombre d'hommes eut pu remarquer & réformer tout d'un coup, ce qui avoit été ajouté au christianisme pendant tant de siecles? Pour rétablir le christianisme dans sa simplicité apostolique, il auroit fallu qu'ils eussent été des dieux & non pas des hommes. Ils firent ce qu'ils purent. Les commencemencemens furent heureux, & la route une fois frayée, ils espéroient que leurs successeurs iroient plus loin. Mais malheurensement des siecles sont révolus & rien ne s'est fait. Et même dans bien des choses on a plutôt reculé qu'avancé. Il est vrai, on s'étoit remis à lire & à étudier la bible. Mais à peine osoit-on examiner les explications des docteurs plus anciens, & encore moins s'écarter de leur doctrine. Sans vouloir relever ici toutes les fautes qu'on à commises, je me contenterai de rapporter les principales. L'esprit de spéculation & de controverse, qui avoit régné jusque là dans l'église catholique romaine, passa dans l'église protestante. Plusieurs préjugés très-anciens, mais fort nuisibles furent conservés. Il s'éleva des disputes parmi les partis separés de l'eglise romaine, & ces disputes furent poursuivies avec une chaleur & une violence incroyable. Il suffisoit de s'écarter le moins du monde des formules & des expressions dont Luther & les premiers réformateurs s'étoient servis pour être déclaré hérétique. Le parti dominant abusa surtout si horriblement du précepte de la foi, qu'il étoit presque dangereux de parler de la vertu & de la nécessité d'en avoir. Il y en eut même qui ne se firent point scrupule de soutenir que les bonnes oeuvres étoient nuisibles au salut. En un mot tout fut perdu par l'adhésion presque superstitieuse aux maximes de Luther, qui sentoit encore en bien des choses son Augustin, & par les éternelles disputes polémiques sur les bancs & dans les chairs académiques. Le christianisme pratique fut négligé. Ceux qui recommandoient par dessus tout la vraie vertu chrétienne & les nobles sentimens de droiture, étoient déclarés hérétiques par la foule

foule des théologiens soi-disans luthériens, de sorte que dès le seizieme siecle, Hypérius théologien de Marbourg & Wigand Orthius son collegue, craignoient que la religion ne fut de nouveau obscurcie par les disputes continuelles des théologiens (*). Qu'auroient dit ces bonnes gens s'ils avoient vécu cinquante ans plus tard? Il est vrai, il s'est encore trouvé des hommes d'une probité & d'une piété reconnue qui ont fait tous leurs efforts pour avancer l'ouvrage du vrai christianisme. Mais le nombre en étoit très-petit, & ce petit nombre étoit si maltraité, par la bande polémique des théologiens & des prêtres, qu'il avoit lieu d'être content, quand il conservoit sa place. Combien de calomnies, d'injures & de persécutions n'eut pas à essuyer l'honnête Jean Arnd, parce qu'il osa prêcher & écrire avec édification? Tous ceux qui marcherent sur ses pas eurent le même sort. Il en étoit encore de même du tems de Spener. Il avoit sans doute raison, de soutenir que par la réformation de Luther on ne s'étoit débarrassé que du gros des abus, & que pour l'avancement du vrai christianisme il falloit une nouvelle réformation. Mais ses souhaits & ses efforts furent tournés en ridicule, & ce ne fut qu'après bien des disputes & des contradictions que lui & ses amis furent reconnus pour de vrais Luthériens. Il est triste de se rappeller qu'après sa mort on agita encore cette question: S'il étoit permis de dire: *Der selige Spener?* (*Beatus Spenerus?*) — — — Et il est encore plus triste de penser

(*) V. Oratio de vita et obitu D. Andrea Hyperii a D. Wigando Orthio, Theologo Marpurgensi, 27 Feb. 1564 habita. Ce discours est ajouté à Hyperii Methodo Theologiae Bâle 1768, 8.

penser que la réponse à cette question fut négative.

Les théologiens, après avoir assez longtems porté les fers de l'autorité humaine, se virent pour ainsi dire forcés par les circonstances d'examiner la religion avec de mûres réfléxions, d'étudier la bible avec plus d'application, d'allier à cette étude une saine philosophie, & de peser sans partialité, si Jésus & ses apôtres ont effectivement enseigné tout ce qui a été enseigné dans les systêmes de la dogmatique & les chaires académiques? On vit paroître en Angleterre & bientôt dans d'autres pays des hommes qui, rejettant toute religion révélée, n'admettoient qu'une religion de la raison, & qui parmi bien des argumens tant forts que foibles, faisoient cette objection apparente contre la religion chrétienne: Que le christianisme ne pouvoit être l'ouvrage d'un auteur divin, attendu qu'il faisoit plus de mal que de bien à la société humaine, que loin d'être favorable à la vertu, il lui étoit contraire, tandis que sans la vraie vertu il est impossible qu'il puisse exister une vraie félicité pour des êtres raisonnables. Pour motiver la justice de ce reproche contre le christianisme, ils exposoient les systêmes des théologiens, la vie déréglée des chrétiens, & principalement du clergé. Enfin l'esprit d'examen se réveilla insensiblement. On saisit mieux le sens de la bible, & on trouva que la religion chrétienne & la théologie n'étoient pas la même chose, comme on l'avoit cru jusqu'alors; que sans doute plusieurs objections des déistes étoient sans réplique, mais que ces objections, ne concernant point essentiellement la religion, ne regardoient que les additions humaines & quelques explications de la bible qu'on avoit adoptées sans un examen suffisant.

On

On étudia avec plus de zéle les langues, les antiquités, l'hiſtoire eccléſiaſtique & la morale. Convaincu du principe, que la religion chrétienne n'étoit pas un objet d'une ſéche ſpéculation, on établit pour maxime que le chriſtianiſme pratique étoit la meilleure méthode pour arriver au bonheur. A cela ſe joignit encore une maniere toute nouvelle d'étudier la philoſophie, une liberté de penſer inconnue jusqu'alors & favoriſée par la liberté de la preſſe, un empreſſement infatigable de porter l'examen ſur tout, de jetter la lumiere ſur toutes les ſciences & de faire de nouveaux progrès. Des-lors la théologie prit une forme, qui avoit aſſûrement de grands avantages ſur celle qui étoit en vogue le ſiecle précédent.

Il eſt vrai, on pouvoit s'attendre qu'on outreroit les choſes. Celui qui a porté longtems les fers & qui eſt mis inopinément en liberté, eſt en danger d'abuſer de ſa liberté. Il en eſt de même aujourd'hui des ſavans ou des écrivains qui veulent briller dans tous les genres de littérature, mais ſoutout dans la théologie. On abuſe tellement de la liberté de la preſſe, qu'on peut bien dire qu'elle a dégénéré en licence. On tourne non ſeulement la bible en ridicule, mais encore on attaque ſans aucune retenue les préceptes importans de la providence de Dieu, de l'immortalité de l'ame, les récompenſes & les peines après cette vie. Au reſte, les argumens & les doutes qu'on apporte ſont pour la plupart extrémement ſuperficiels, mais ils ne laiſſent pas de faire impreſſion. Ce qui n'eſt pas étonnant, vu l'inſtruction ſéche & inſuffiſante de la religion, que la plupart des lecteurs des nouveautés littéraires ont reçue dans leur jeunesse." Une des principales causes des progrès de l'incrédulité est, qu'il ne se trouve presque point de proportion entre les lumieres vraies ou apparentes dans les sciences ordinaires, & les lumieres dans les pratiques religieuses. Nous avons poli notre langue, nous avons rafiné notre goût; des personnes de toutes les classes s'amusent à lire des ouvrages d'esprit, des romans séduisans & souvent dangereux, & pensent sur une infinité de choses bien différemment qu'ils ne pensoient autre fois. Mais à l'égard de l'instruction religieuse & du culte public, on s'en tient sur la plupart des articles à l'ancienne pratique. Nos liturgies sont pour la plupart du seizieme siecle, remplies d'expressions surannées & de pensées triviales, qui sont ou inintelligibles, ou marquées au coin de l'ancienne superstition monacale. Dans nos prieres d'églises, celles même qui sont encore passables, il régne une éternelle monotonie. Nos livres ordinaires de chant d'église, sont remplis de cantiques pitoyables, qu'on ne sauroit plus chanter sans scandale. L'enseignement dans les écoles est généralement défectueux, & nullement adapté à notre âge, attendu qu'on n'y fait entrer dans aucune considération la façon de penser de nos jours, les idées & les doutes. Est-il donc étonnant que le culte public tombe de jour en jour plus dans le mépris? Que l'incrédulité & l'indifférence pour la religion fassent des progrès si visibles? Que plusieurs gens qui se piquent de sagesse, ne savent plus eux-mêmes ce qu'ils croient?

Comment remédier au mal? Seroit-ce par des miracles? Non, car nous ne sommes pas en droit d'en attendre, & je ne vois pas même à quoi

quoi ferviroient ici les miracles. C'eſt par des enſeignemens clairs, par des méditations continues, par des études ſolides de la bible; par de meilleures inſtitutions des écoles, & par un établiſſement mieux ordonné du culte public. Tels ſont les vrais moyens pour répandre des lumieres ſur le chriſtianiſme. Ces moyens bien employés, feront ſortir un jour la lumiere des tenèbres, & le bienfait de la religion ſe montrera dans toute ſa ſplendeur.

Maintenant cette attente paroît encore trop prématurée. La fermentation eſt encore trop grande, pour que les bons effets du progrès des lumieres puiſſent ſe montrer ſenſiblement. Mais il y a un bon commencement.

La tolérance & la liberté de conſcience, malgré les abus qui en ſont réſultés, ont déja produit une infinité de ces bons effets, & cela non ſeulement dans l'égliſe proteſtante, mais auſſi dans l'égliſe catholique romaine. On ſonge réellement à introduire de meilleures méthodes dans les écoles & dans les établiſſemens d'éducation; on tâche de rendre le culte plus conforme à ſon but. Ce qui manque encore c'eſt de voir les bons projets réaliſés; c'eſt de voir les princes, les miniſtres & les colleges ſupérieurs eccléſiaſtiques, embraſſer avec plus de chaleur la bonne cauſe de la religion. Tant que cela ne ſe fera pas; tant qu'on regardera comme une affaire de conſcience de laiſſer tout ſur l'ancien pied; ſurtout tant que le culte public & l'enſeignement dans les écoles ne feront point perfectionnés; tant que les inſtituteurs & les maîtres prépoſés aux écoles & aux égliſes, ne feront pas mis en activité & mieux ſoutenus: juſque là ſans doute on doit s'attendre

dre à peu ou point de changemens en mieux. Mais ne perdons pas courage! La providence ſaura trouver des moyens pour faire triompher la bonne cauſe, ſans que nous ayions beſoin de l'intermiſſion des anges & des esprits ſupérieurs. Pleins de perſéverence & de confiance en Dieu, tâchons de recommander & d'accélérer le bien autant qu'il eſt en nous. Un jour la vérité ſera victorieuſe. La religion de Jéſus, toujours plus dépurée de l'alliage des interpolations humaines, paroîtra dans toute ſa dignité & dans toute ſon excellence: on ceſſera enfin de charger la mémoire de la jeuneſſe chrétienne de mots & de formules obſcures, dont elle retire ſi peu de fruits. La religion deviendra pour les grands & les petits, ce qu'elle eſt & ce qu'elle doit être ſuivant ſon but originaire, la meilleure méthode pour arriver à la felicité. Le culte public ſera remis en vénération, quand on aura ſupprimé ces cérémonies choquantes, ces formulaires & ces prieres de la liturgie, qu'un eccléſiaſtique éclairé de nos jours ne ſauroit lire ſans rougir, & qu'un chrétien bien inſtruit ne ſauroit entendre & répéter ſans être diſtrait dans ſa devotion; quand enfin on aura réformé les cantiques ſcandaleux & dériſoires qu'on trouve encore dans bien des livres de chant d'égliſe, & qu'on y aura introduit quelque choſe de plus analogue à l'esprit du chriſtianiſme & de nos tems. Alors les antagoniſtes de la religion épurée de Jéſus n'auront plus ſujet de s'en moquer. Les vérités divines, en trouvant un accès facile dans les coeurs des hommes, y porteront leur vertu douce & bienfaiſante. Les tems des apôtres renaitront, & c'eſt ainſi que le règne de Jéſus-Chriſt, règne de vérité & de vertu, ſera inceſſamment plus étendu.

„Voilà

„Voilà de beaux rêves! me répliqueront de certains théologiens, (si même ils ne me placent pas comme un néologue dans leur liste des hérétiques). Vous n'avez pas saisi le véritable point de vue! La vraie raison des railleries qu'on lance contre la religion, se trouve dans l'entendement & dans la volonté perverse de l'homme. On ne croit pas, parce qu'on ne *veut* pas croire. On méprise la religion & le culte, parce que malheureusement on donne trop d'empire à la raison, parce que la religion s'oppose à la concupiscence des hommes. C'est que les théologiens devroient s'en tenir à la pureté de l'ancienne doctrine & s'opposer sérieusement aux erreurs. Il ne faudroit pas être si indulgent pour les détracteurs de la religion & employer contre eux la rigueur, lorsque la douceur est sans fruit. Alors les choses iroient bientôt mieux."

Mais, avec votre permission, Messieurs! Qu'appellez-vous la pureté de l'ancienne doctrine? Vous voulez dire sans doute la doctrine de Jésus & de ses apôtres, telle qu'elle est exposée dans la bible, & surtout dans le nouveau testament? Mais avez-vous étudié solidement le nouveau testament? Et si vous l'avez fait ne trouvez vous aucune différence entre le christianisme apostolique, & le Luthéranisme? Et vous feriez vous fort de prouver, que les apôtres ont introduit la forme du culte public pratiqué dans nos églises? Et que tous les sceptiques, tous les incrédules sont des scélérats déterminés, ou manifestement des libertins? Et que Jésus & ses apôtres s'étoient proposés d'étouffer la raison & la réflexion? Et qu'une foi aveugle à l'autorité humaine, étoit une foi véritable. Et que la persuasion pouvoit s'opérer par la contrainte sans une instruction suffisante? Que de questions je pourois encore faire? Les

apô-

apôtres, en introduisant le christianisme, avoit à faire à des gens extrémement corrompus & entierement prévenus contre la religion chrétienne. Et comment s'y prirent-ils pour inspirer à leurs contemporains le goût & l'amour du christianisme? Ils n'avoient point d'autre moyen qu'une instruction affectueuse & solide. Et c'est aussi le seul moyen dont on puisse attendre un bon effet. Jamais la contrainte ne fera germer la foi & la vertu: l'instruction & la raison seules sont capables de le faire.

Je reviens encore une fois au magnétisme, au somnambulisme & aux inspirations des anges & des esprits, & je le répéte: Qu'il n'y est absolument aucun bon effet à en attendre pour le christianisme. On peut plutôt reconnoître *à priori*, que ces dispositions, ces travaux & ces attentes de nouvelles révélations feroient plutôt nuisibles qu'avantageux au genre humain. Les hommes détournés des occupations de leur état, négligeroient leurs devoirs de citoyens. Notre monde corporel nous fournit tant de matiere à méditer sur ce qui frappe nos sens & à perfectionner nos facultés, que nous ne devons pas craindre d'épuiser la science. Pourquoi nous efforcer envain de pénétrer dès maintenant dans le monde des esprits? Avons nous déja fini tout ce qui nous reste à faire sur la terre? je ne crois pas qu'aucun homme de sens puisse avoir cette idée. Il en résultera un autre inconvénient, c'est que des imposteurs, s'autorisant du magnétisme, joueront toutes sortes de rôles scandaleux, comme il est déja arrivé, suivant des rapports dignes de foi. De sorte qu'à tous égards la moralité perdroit plus qu'elle ne gagneroit. Si le magnétisme animal peut avoir quelque utilité, cette utilité n'est que physique, & ne consiste absolument que dans le rétablissement

de

de la ſanté du corps, qui à la vérité a auſſi une grande influence ſur la diſpoſition de l'eſprit des hommes. Mais ces ſortes de cures ſont l'affaire des médecins, ou ne doivent être entrepriſes qu'en les conſultant. Car ſi cela venoit une affaire de mode que tout le monde ſe mit à magnétiſer & s'occupât de la guériſon des malades, il en réſulteroit la plus triſte confuſion dans la ſociété humaine, & l'inactivité viſible dans les occupations les plus indiſpenſables de la vie entraîneroit après ſoi les ſuites les plus fâcheuſes.

Vous avancez, Meſſieurs, dans votre écrit encore bien des points délicats, ſur leſquels il y auroit beaucoup de choſes à dire. De ce nombre eſt par exemple celui où vous appellez Dieu un homme ſpirituel, (& vous paroiſſez en général ôter toute différence entre le pere, le fils & le ſaint eſprit) vous dites que Dieu-Homme n'eſt pas ſeulement le ſauveur du genre humain, mais auſſi du ciel & des anges; que la bible renferme, outre le ſens littéral & naturel, un ſens différent & ſpirituel, (hypotheſe fort ancienne, mais très-fauſſe, & d'après laquelle on peut faire de la bible tout ce qu'on veut) & encore une infinité d'autres explications erronées des paſſages de la bible, dont vous avez détourné le ſens, faute d'entendre le langage de l'écriture. Mais comme je me ſuis déja plus étendu que je ne m'étois propoſé d'abord, je ne pouſſerai pas plus loin mes recherches.

Pour concluſion, qu'il me ſoit permis de vous dire mon ſentiment en peu de mots ſur le projet que vous avez, de faire imprimer & de publier de certains ouvrages. Selon ma conviction ces ouvrages peuvent reſter non imprimes. Les écrits de Swedenborg ne ſauroient abſolument contribuer à répandre la lumiere, comme vous pourez vous en convaincre

vous

vous même, si vous voulez peser sans partialité les principes de cet homme Et à quoi bon une nouvelle édition de la traduction latine de la bible de Sébastien Schmidius? Depuis quelque tems on a fait en Allemagne trop de progrès dans l'exégese de la bible pour attacher encore quelque prix à cette version. En général, Messieurs, je ne conçois pas bien, pourquoi vous vous nommez une société exégétique. D'une pareille société on attend de nos jours tout autre chose. Je ne voudrois pas que votre méthode d'expliquer l'écriture trouvât beaucoup d'approbation; car de tout tems elle a été singulierement favorable aux falsifications du christianisme. Il est tems de revenir de ces égaremens. Heureusement la saine théologie a prononcé depuis longtems contre les explications mystiques & théosophiques de la bible.

Du reste je prens la liberté de répéter la priere que je vous ai faite au commencement de cette lettre. Lisez & pesez mes pensées avec cet amour impartial de la vérité, avec lequel j'ai lu & pesé les vôtres. Peut-être trouverez vous que j'ai raison, sinon sur tous les points, du moins sur les articles principaux. Mais quand même je n'aurois pas réussi à vous persuader entierement, cela ne m'empêchera pas d'apprécier vos bonnes vues & d'être avec une véritable estime,

Messieurs

Votre très-humble & très-obéissant serviteur

D. Jean George Rosenmuller,

Professeur en Théologie à Leipzig.

www.ingramcontent.com/pod-product-compliance
Ingram Content Group UK Ltd.
Pitfield, Milton Keynes, MK11 3LW, UK
UKHW021554260726
13993UKWH00002B/836

9 782329 335834